学校を変える15分

常識を破れば子どもは伸びる

Hideo Kageyama
陰山英男

中村堂

はじめに

たった十五分のモジュール授業、それは学校のもつ可能性を大きく広げてくれます。そして以下のことは、実際に毎日十五分の読み書き計算の徹底反復によって起きたことです。それらはすべて劇的であり、誰も予想をしていなかった圧倒的な結果でした。そこに生まれているのは単なる数値の上昇ではありません。学習や生活に向かう子どもの真剣な生きざまでした。

①すべての学級が崩壊し、校長、教頭、教務の三人が三人とも病気療養に追い込まれた学校が、読み書き計算の徹底を行い、二年間で学力テストで全国平均を超えた。（福岡県飯塚市）

②漢字指導方法を市内で統一して指導すると、市内全員の小学生の漢字テストの平均がたった一年で約九割になった。（福岡県田川市）

③日常から問題行動が噴出する小学校。しかし実践を開始した直後から子どもの問題行動がすぐに減少し、保護者からのクレームがなくなった。（広島県福山市）

④まともに漢字が書けなかった特別支援学級の子どもが漢字テストにおいて毎回九割以上正解したり、四百字くらいの古文を暗唱したり、大人でも難しいわり算を高速にこなしたりして、

自主的に自信をもって学習するようになった。（岡山県倉敷市）

⑤町の小さな小学校の卒業生が、地域の中学校に進むと、ほぼ全員がその中学校の成績上位を占めるようになった。（福岡県鞍手町）

⑥四年生の終わりで、九九の習得も十分でなかった子どもが卒業前には中学入試の問題に挑戦するようになっていたなど、二～三年で低学力が克服できていた。（岡山県高梁市）

⑦小学校一年生から二年生まで、継続してこの学習をした子の一割は東大や国公立の医学部に合格していた。（広島県尾道市）

⑧放課後デイサービスの中で、陰山メソッドを指導された知能指数七十～九十の子どもが、中学校に進学すると成績上位となり、高校入試でも突出した結果が生まれてきた。（北海道札幌市）

ここに掲げた指導成果は、地域や学校ぐるみの実践によって起きてきた具体的な事実です。これらの実践の成果は、私が担任時代を過ごした兵庫県朝来町立（現在、朝来市立）山口小学校時代のことを思えばはるかに高い成果です。

そして、何より重要なのは、これらの成果は今も発展し、新しい成果が続々と生まれ、高まりながら広がってきていることです。

そして、二〇二〇年度からは、地域内すべての学校が実践する、またはそれに準ずる、またはそれをめざした方向で実践しようとしている地域は、十か所以上になっています。私は、これらの学校を回るのですが、どこに行っても同じように子どもが伸びながら、しかし他にはない指導成果が見られます。

また、地域が大きく、全体実施は難しいので、教育委員会が研究を指定している地区もあります。

その成果を一言で言えば、すべての子どもが心を含め、極限まで伸びるということです。その目標は、単に学力を上げるだけでなく、主体的な生き方や学習の仕方を学び、今後来るであろう劇的な社会の変化にも柔軟に対応できる重厚な学力をつけるということです。

特にこの実践の中で注目されるのは、従来は限定的にしか伸びないと思われていた、低学力の子どもや特別な支援の必要な子どもも、レベルの調整さえすれば、同様の指導で飛躍的に伸びるという事実です。

私はこの実践が始まる前、ひとつ不安がありました。それはついてこれない低学力の子はどうなるか、成長に障害を抱えた子どもにはどう対応したらいいかということでした。

近年は個に応じた指導が叫ばれています。それに対して、地域内学校内一斉に同一指導を行うわけですから、常識を破った実践ということになります。もしうまくいかなければ、批判はまぬがれません。そこを恐れていたのです。

しかし、それは取り越し苦労というものでした。実際には一斉同一の指導により、できる子もできない子も一斉に伸びたのです。

なぜでしょう。そこにはふたつの共同性がありました。

そのひとつは子どもの共同性です。学年を越えて同じ方法で学習しますから、低学年の子どもは成功モデルとして上級生の学習を見ることになります。また同じ内容なので上級生は下級生に教えることができます。学級内や学年内の協力だけでなく、学年を越えて学習が共有できるのです。

また、子どもの様子をビデオに録画して見せ合えば、他の学級や学校の様子を、地域が遠く離れていても子どもは知ることができ、それが刺激となって、急速に伸びることが可能になるのです。

もうひとつは教師の共同性です。十五分のモジュール授業では全員が同じ内容の指導を毎日繰り返します。すると、自分ひとりでも教師は振り返りがしやすいものです。それに加え、学級、学年、学校、地域を越えて実践を交流することができます。今は教師不足の時代、経験の少ない教師が指導しないといけない場面は多いのですが、この実践の交流を通じて効果的な指導が経験の少ない先生でも可能になるのです。

こうした共同性は、意外な効果を生みます。それは業務の効率化による、働き方改革です。まず子どもの基礎学力が高まると、授業は効率的に進みます。すると授業の準備が少なくて済み、退勤時刻が早まります。また、どの教師が担任しても、学習効果は高いので保護者の支持が高まり、学校へのクレームはぐんと減ります。保護者にしても、担任によりその学習効果に大きな違いは出ないので、担任が新任や講師であっても安心していられます。

何より目に見えてテストの点が急上昇しますし、家での宿題も子どもは高速に終わらせるようになります。そのあまりの速さゆえ、成績が上がるほど、子どもが勉強しなくなったと言われるほどです。

さらに重要なのは、子どもの問題行動が劇的に減ることです。子どもが集中して勉強するようになると、暴力問題やいじめなどが急速に減ってきます。集中学習をするときは、人間性をつかさどる前頭前野を使うと言われます。すると実際に、読み書き計算の実践をすると、成績が上がる前からすぐに子どもの問題行動は減ってきます。

現在、文部科学省の集計によれば、小学生の問題行動は、史上最多になっています。こうした生活指導においても、十五分のモジュール授業は絶大な効果を見せます。

国際学力調査においても過去最悪の結果となり、問題行動や不登校も最大になっている今、この学校単位の十五分のモジュール授業は、これからの学校指導の必須と言えるでしょう。

本書は、こうした各地の実践をもとに、それぞれの地域や学校において効果的な実践を行うことをめざして書きました。新たな学校の困難を、この本により克服されていくことを願っています。

もくじ

第一章

今の学校と陰山メソッド

——今の学校の深刻な病理

二〇一九年一二月にＯＥＣＤが行う国際学力調査の結果が発表されました（左ページ上のグラフ参照）。その結果は、二〇一二年のピークを越えてから、二回連続の低下で、私の予想通りでした。

というのは、文部科学省の集計している問題行動の調査で、平成二五年から特に小学生の状況は加速度をつけて悪化しており、そのような状況でよい結果など出るはずがないと考えていたからです。

子どもたちの学力は、小学校時代前半の学習で基本的に決まってきます。そして小学校の基礎ができていれば、中学高校と上がっても学力は高まりますが、その基礎が弱ければ学力は伸び悩みます。

そのことを考えれば、次の二〇二一年の調査の結果は、ここよりさらに悪化し、史上最悪になることは間違いないと思います。理由は、左ページ下のグラフの通り、子どもの問題行動は平成二五年以降一貫して悪化しているからです。この小学校の立て直しをしない限り、世界に比べて日本の教育成果はますます低下していくことでしょう。

また、前回ＰＩＳＡショックと言われた二〇〇三年に、文部科学省は即座に脱ゆとりに方向転換しましたが、二〇〇六年の結果はさらに悪化しており、回復したのは六年後の二〇〇九年だったのです。

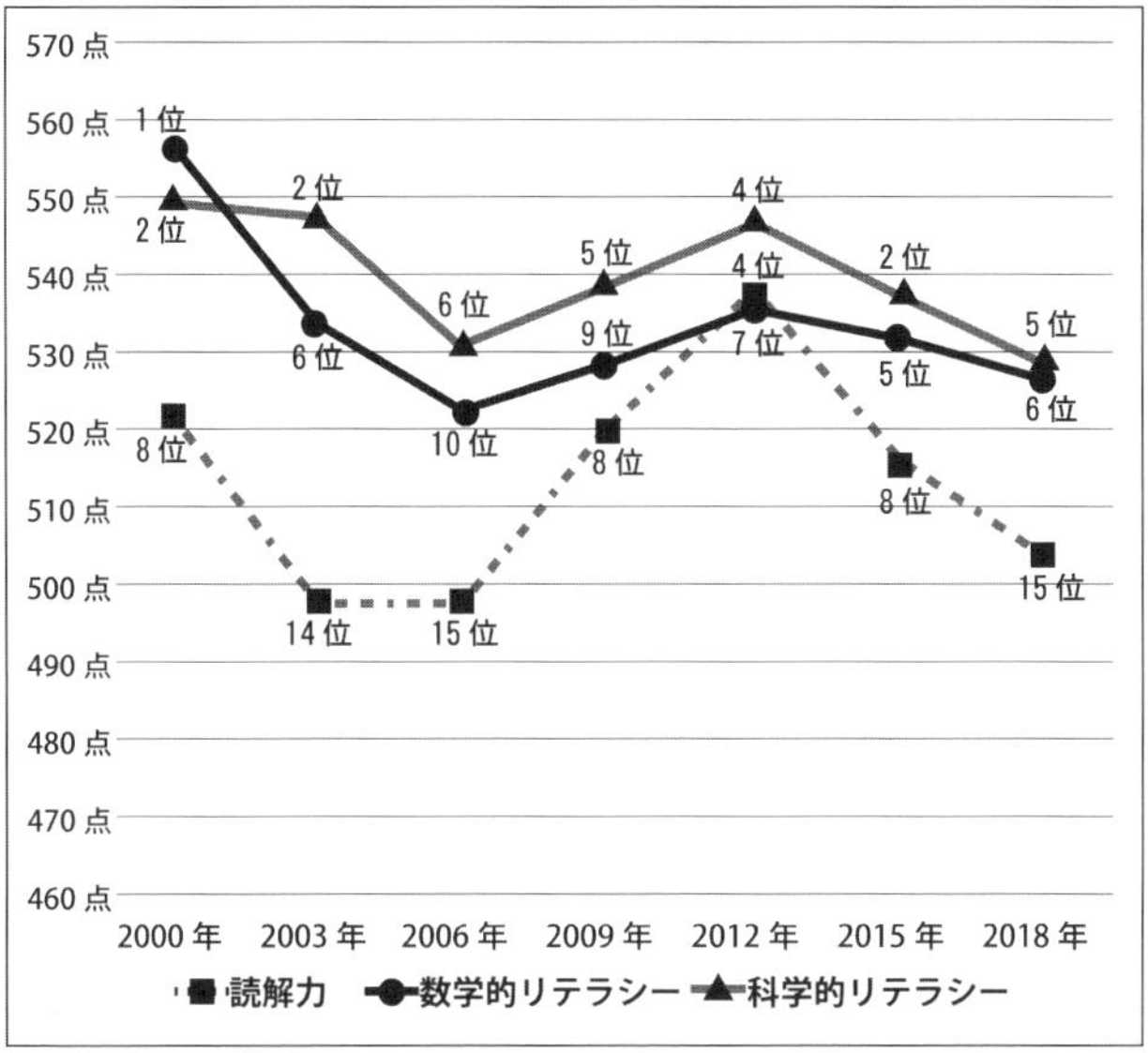

PISA国際学力テストにおける日本の成績の推移

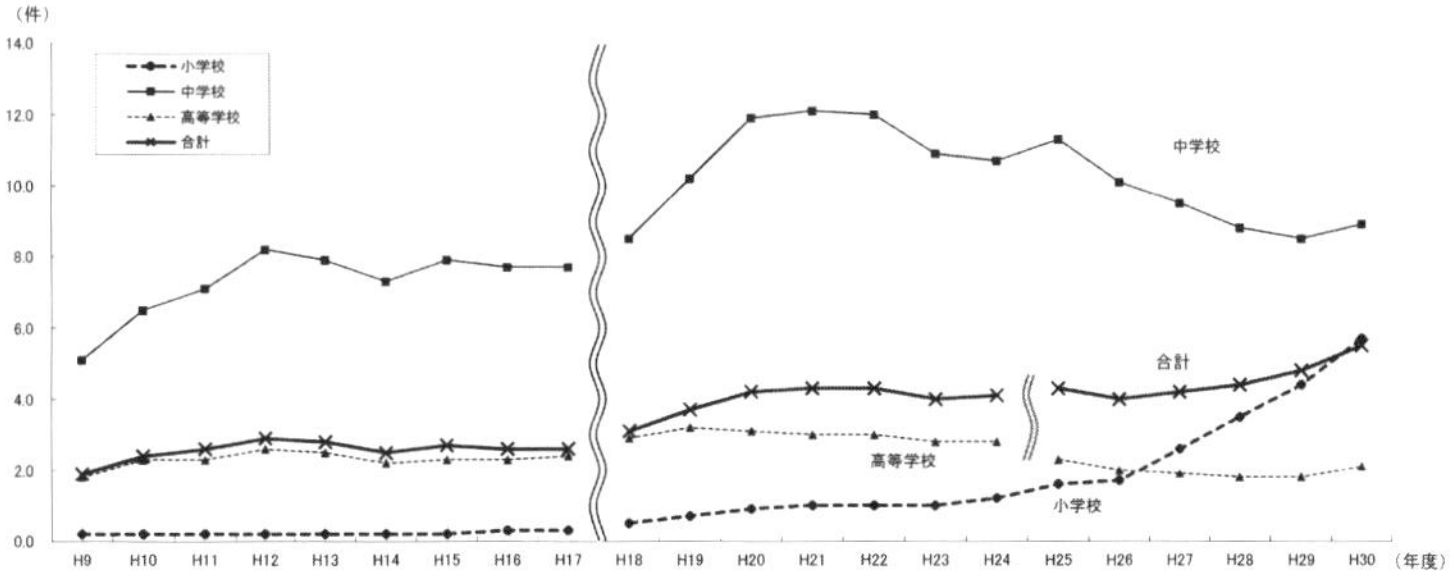

暴力行為発生率の推移（文部科学省）

ですから、今回は中学教育を抜本的に変えない限り二〇二一年の結果はよいものにするのは相当に困難です。順当に行ってこの結果を回復できるのは二〇二四年以降と私は予測しています。

また、このデータをよく見ると、平成三〇年度は大きな転換点であることが分かります。それは中学高校の暴力行為の数は平成二九年度までは低下していましたが、平成三〇年度から上昇に転じていることです。学力問題以前にこの暴力問題はそれ自体早急に対策がなされなければいけないはずですが、不思議なことにそうしたことは聞きません。

ついでに文部科学省の別の統計も見ておきましょう。

下のグラフは、いじめの発生件数の統計です。特に小学校の増加ぶりは異様ですらあります。

ただこうしたことを言うと、それは集計の基準が変わったからだという声があがります。確かに都道府県別の集計を見るとかなりのばらつきがあります。

しかし、不登校のデータを見ると、やはりいじめや暴力問題は増

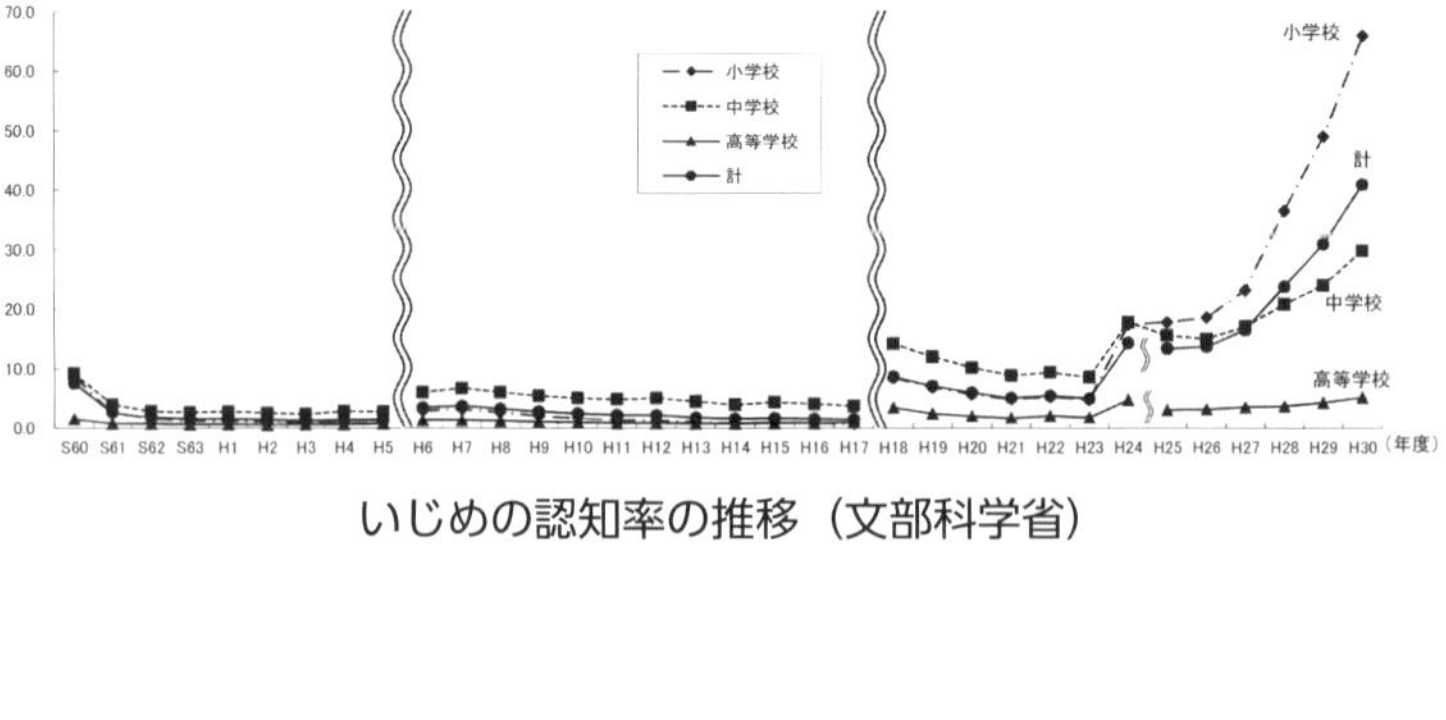

いじめの認知率の推移（文部科学省）

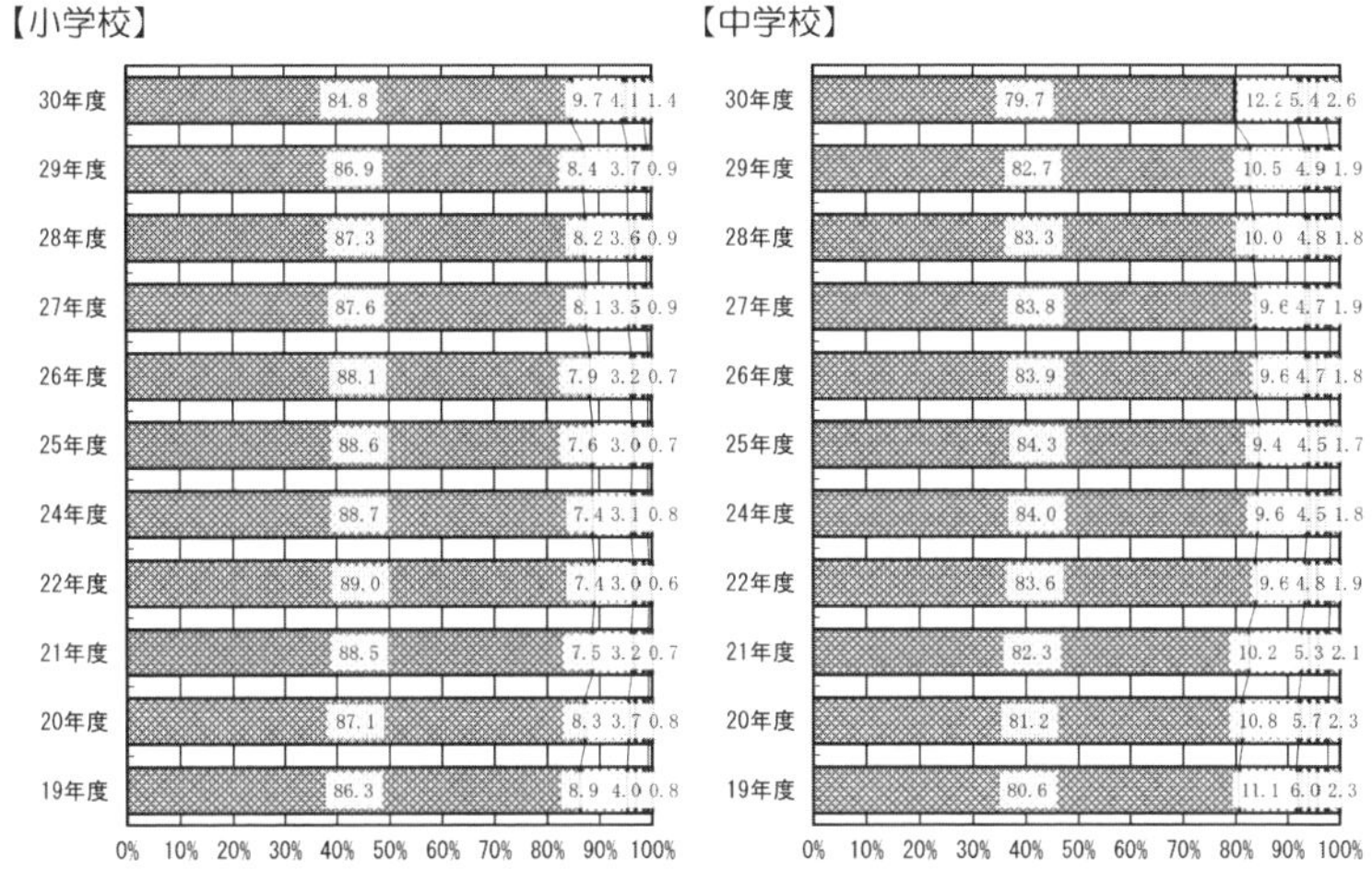

朝食を毎日食べる児童生徒の割合（文部科学省）

えていると思います。不登校のデータは病気やケガなど明確な理由なく一か月以上休んだ人数ということで、基準が比較的はっきりしています。しかしこの不登校データもいじめや暴力行為と同じ傾向で推移しているので、やはり平成二五年からの子どもは荒れてきていると考えていいのではないでしょうか。

しかし、いったい何がその理由なのか、私にはそれが分かりません。

ただ関連を感じさせるものがあるとするなら、朝食を食べなくなった子どもが平成二五年より増えていることです。

たださすがにこれほどの変化を朝ごはんだけが原因というのは無理があるようにも思います。ですから理由が特定できず、私は平成二五年の怪と呼んでいます。

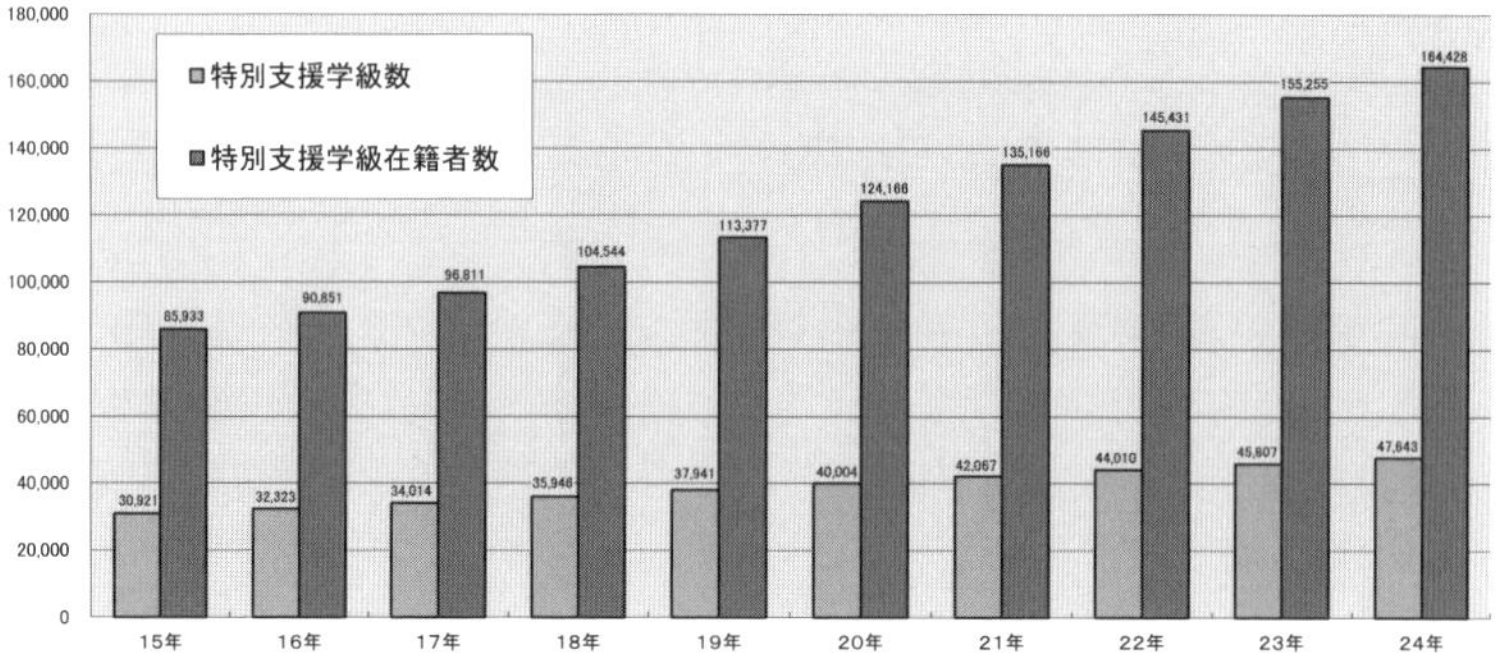

特別支援学級数及び特別支援学級在籍者数の推移（文部科学省）

さらに拡大している問題があります。

それは特別支援を必要としている児童の増加です。発達障害の子どもは昔からいましたが、近年それが自覚されるようになって、増加しているように見えているだけだと解説される方がいます。激増してるというのが私の実感なのですが、そこははっきりできません。ただ重要で、かつはっきりしているのは、特別支援の必要を認定されている子どもは急増しているという事実です。

特別支援学級は、通常の学級より手厚く人を配置するなど、通常学級より多くの予算が必要です。特別支援学校の新設も進んでいますが、このまま増えるといずれ予算的限界が来てしまうことも心配されています。

またアレルギーに関する対応を誤ると、子どもを死亡させてしまう事例もあり、今日では子どもの食べ物には細心の注意が必要です。

さらに問題なのは、クレーマーの保護者の存在です。ク

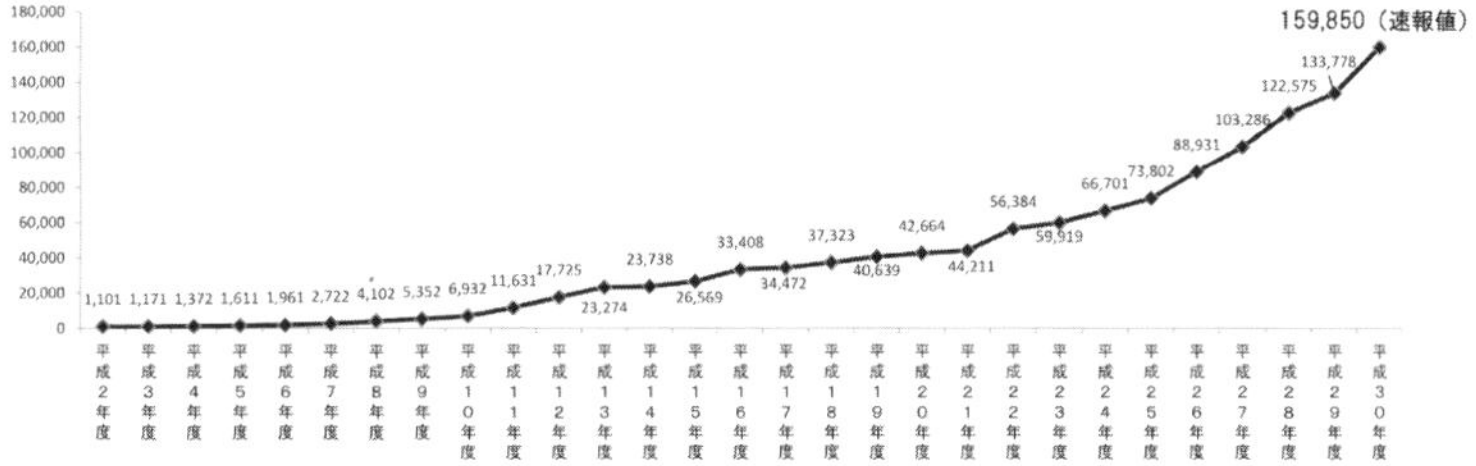

児童相談所における児童虐待相談対応件数（厚生労働省）

レーマーの統計というのはありません。そこで児童相談所における児童虐待相談対応件数を見てみました。こちらも激増しています。

一般に貧困がこの問題の背景にあると語られます。それはそうだと思います。しかし、実際には、高額所得者の家庭でもこうした事例は頻繁にあって、決して経済的貧困だけが要因ではないことは間違いありません。こうした家庭と連携することは難しいことが多く、学校の家庭との対応がしづらくなっていることが想像されます。

こうした学校を取り巻く内外の環境を示すデータは過去最悪になっていると言っていいでしょう。

その結果、教職員の動きにも大きな変化が現れています。

それは教職離れです。教師の早期退職が増えているのです。もともと教師は公務員ですから身分は安定していて、給与も一般の公務員より少し優遇されていたため、早期退職の少ない職種でした。しかし、近年はそこに大きな変化が生まれているのです。

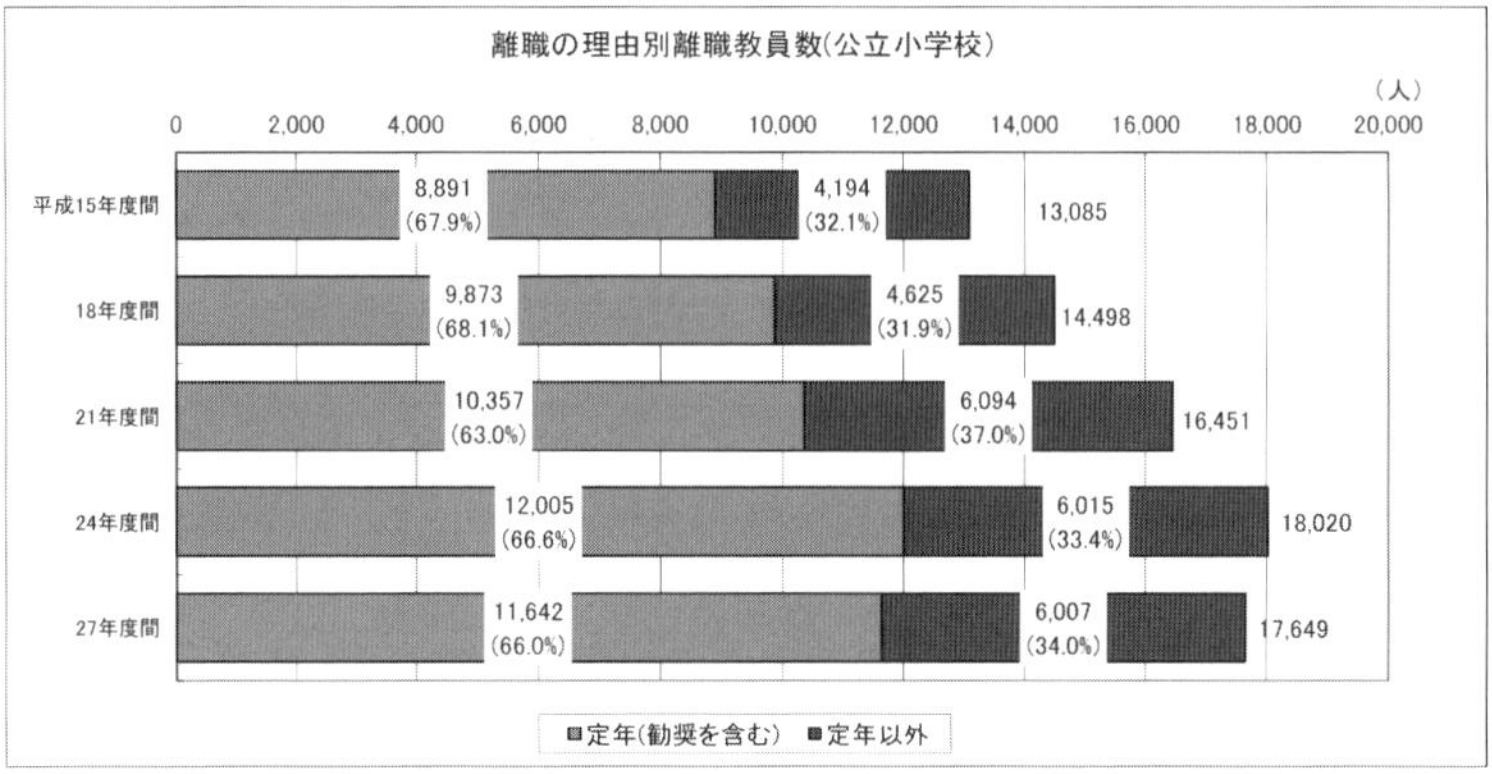

離職教員数（文部科学省）

学校現場には、これに加えてさらにもうひとつ困った問題が起きています。それは教員免許に更新制度が導入され、現職以外の教員免許保持者が減っていることです。その結果、教職員が産休や育休、病休になっても免許保持者が見つからなくなり、補充ができなくなっているのです。

そして、その合計数は、全国で千人前後にもなり、管理職が授業をしないといけないだけでなく、夏休みに隣の学校から先生に来てもらい、集中的に授業を行うという現象まで生まれてきています。

近年、教師の働き方改革が叫ばれていますが、それにはこうした背景があるのです。

第二章

現代の学校病理に対する処方箋を示した陰山メソッド

平成二五年から始まった今の学校の問題をまとめると以下のようになります。

①学力低下
②いじめや暴力行動の増加
③特別支援を必要とする子どもの増加
④不登校の増加
⑤教職員の過剰負担

「平成二五年の怪」の前年である平成二四年から、福岡県飯塚市において、市内一斉に読み書き計算の徹底反復、つまり陰山メソッドによる学力向上のプロジェクトが始まりました。

きっかけは福岡県香春町の教育長の荒木博史先生が、香春町の学力向上に陰山メソッドを導入したいと考えられたことでした。荒木先生は、都合で教育長を退任されることになり、その代わりに飯塚市の片峰誠教育長がその導入を求めてこられました。

そして、その対象となった学校が菰田小学校でした。もともと飯塚市は教育困難地区として話題になることが多かったのですが、この時の菰田小学校は、全学級が荒れてしまい、学校崩壊状態になっていました。その結果、校長、教頭、教務のトップ三が連続して病気療養に追い込まれるというかつてない状態でした。

この学校の立て直しを、陰山メソッドでやりたいと片峰教育長は考えられたのです。

荒木先生の紹介で飯塚市に行き、片峰教育長と石井指導主事にお会いしました。

この時、この出会いがその後衝撃的な教育実践となり、飯塚市の町の状況や風景までも変えてしまうことになろうとは当時は誰も考えていませんでした。出発点は、とにかく立ち行かなくなった学校を立て直したいというただそれだけだったのです。

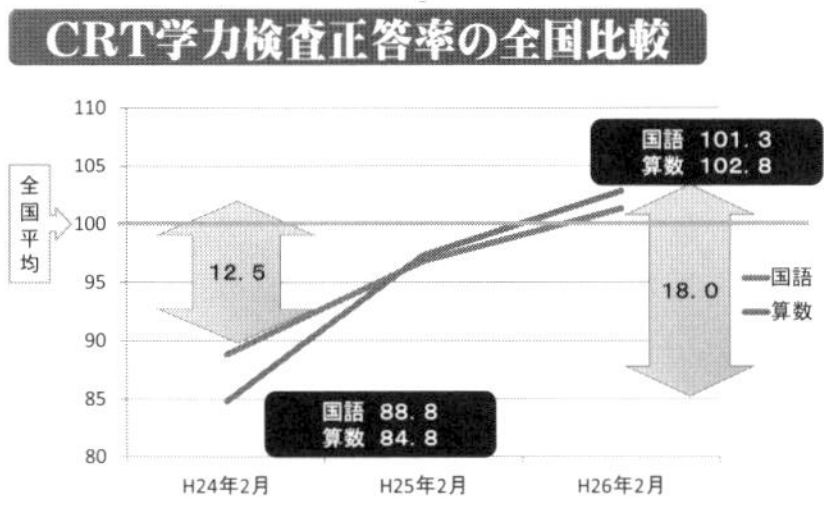

飯塚市の CRT 学力検査正答率の全国比較

途中から校長となった岡松先生が最前線に立たれ、片峰教育長、石井指導主事とのラインで、徹底した読み書き計算の指導が実施され、上のような結果となりました。

指導が始まると直ちに子どもは向上し始め、たった二年で全国平均を超えたのです。

そして、片峰教育長は、実践開始直後の状況から驚く決断をされます。実践当初の状況を見ただけで全小学校で実施することを決断されたのです。

キックオフの会議で、集まった校長先生を前に片峰教育長は次のように語られました。

「飯塚市は陰山メソッドでいくんです。陰山先生には、飯塚市の教育に魂を入れてもらうために来ていただきました」

この言葉を横で聞いていた私は冷や汗をかく思いでした。教師の多くは自分たち以外の実践をするのは嫌がるものです。ですから、普通は陰山という個人名は使わず、「陰山先生の協力のもと、飯塚方式をつくる」とか、多少薄めた言い方をするのが普通です。

しかし、「陰山」を前面に押し出しての提起に私は衝撃を受けたのです。

失敗はできない。後戻りもできない。とんでもないところに来てしまった。当時は本気でそう思いました。それほどにメッセージは強力だったのです。

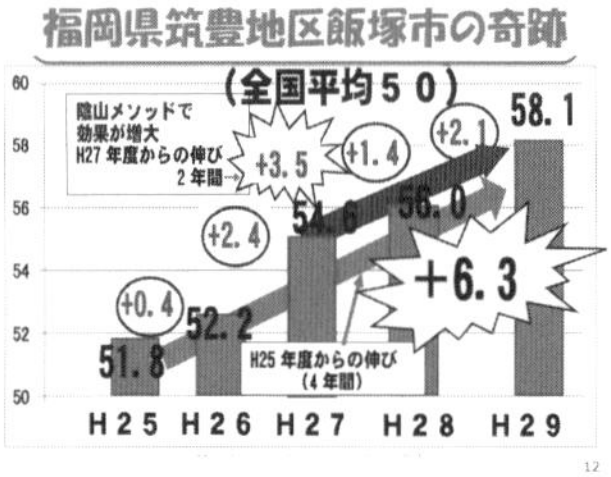

そして、実際に全部の学校で実践は進みました。その結果はどうだったでしょう。

石井指導主事が飯塚小学校の校長時代にまとめたのが、上の学力のグラフです。

完ぺきな右肩上がりです。

このグラフの意味するところは、「継続は力なり」ということです。基礎基本の力は継続により積み重なっていくのです。そしてこれが広がる中で、多少のばらつきがあっても全体として、学力は着実に向上して

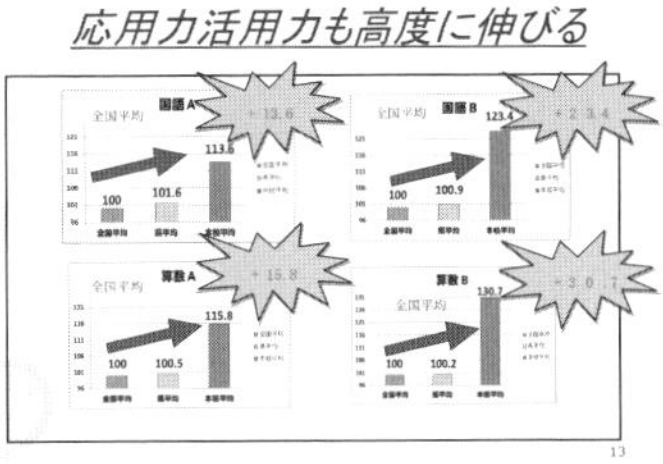

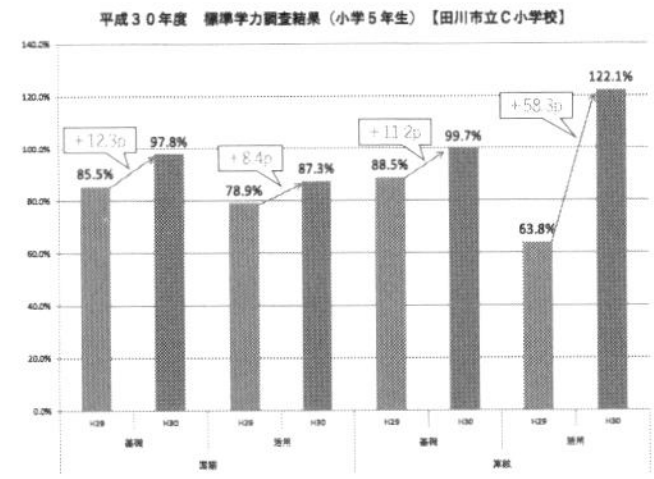

いきました。

しかし、今重視されている学力は応用力・活用力です。全国学力テストでその結果を見てみます（上の右のグラフ参照）。

基礎力を測るA問題と、応用力を測るB問題の結果を比べてみると、B問題の方が高いことが分かります。通常、基礎が伸びるとそれが応用力に転化していくと思われるでしょう。しかしそれは少し違います。

飯塚市に続いて、隣の田川市が実践を始めました。そして、その実践が始まって十か月後に行った民間の学力テストの結果を見ると驚く結果が出ています(上の左のグラフ参照)。それは基礎の徹底反復を始めると、一番伸ばすのが難しいとされる算数の応用力が一番早く伸びていたのです。

これは意外に思われるかもしれませんが、多くの場合、こうなってきます。全国学力・学習状況調査、つまり全国学力テストでは陰山メソッドの実践を開始すると応用力の問題の方が先に点が上がってきます。

私は、基礎基本の力を自在に使える力が応用力であると思っていますが、まさしくそうなのだろうと思います。

私がよく例にするのが野球のホームランバッターのスランプの話です。

ホームランバッターも年に一度はスランプになります。そんな時、ホームランバッターはホームランを打つ練習なんてしません。小学生もする素振りを行い基本となるフォームの修正をします。そして言います。「基本に帰れ」と。

近年、応用力をつける授業だと言って、いきなり高度な考えを子どもに要求し、その説明までさせようとする授業を見ます。でもそれが私には、「これからの時代は、ホームランを打てるようになることが大事です。ですからホームランが打てるようにホームランを打つ練習をしましょう」と言っているように聞こえます。それでは、大振りばかりするようになり、ホームランはおろか、ヒットさえ打てなくなります。

●消滅した問題行動と新しい実践

飯塚市の実践が、市内の学校に普及していくには三年程度かかりました。しかしその三年間で市内の学校の問題行動は急速に減少していきました。片峯教育長は、それを「問題行動は減ったんじゃないんです。なくなったのです」と伝えられました。そうした中、私はいずれ問題になるであろう小学校英語の指導の対策としてオンライン英会話の導入を推奨しました。学力の向上と問題行動の消滅によって学校に余裕が生まれ始めたことをさらに生かそうと思ったのです。しかしこれには多額の予算が必要です。

ところが、片峰教育長は、他に予定されていた教職員の増員の予算をこのオンライン英会話に振り当てられたのです。そして、試験的導入がすぐに始まりました。

学校も、指導に余裕が出てきたのか、前向きでした。私は導入して間もない時期に視察しましたが、子どもが画面の向こうのフィリピン人の先生にスペイン料理の説明を英語でしていました。ネットを通じての会話ですから、子どもたちはネットからパエリアの写真を引き出し先生に見せ、説明していたのです。

やはり読み書き計算で鍛えられた頭の回転がここでもいかんなく発揮されているのを感じました。すごい成長があるものだと感心したのです。現在、飯塚市内のすべての小学校の五年生と六年生は学校でオンラインによる英会話学習をしています。

実践の進化はさらに進みます。プログラミングです。

ソフトバンク社が社会貢献として、ペッパーというロボットを全国の学校に貸し出し、プログラミングを学習してもらうことを考えていました。私はその相談役にもなっていたので、飯塚市に紹介しました。するとこれまた片峰教育長は、即刻やりますとの返事でした。そして、ソフトバンクと教育事業連携協定が結ばれ、飯塚市内にはすべての学校にペッパーが配置され、プログラミングの全国大会にも常連で出場しています。

学力が高く、問題行動が減り、英語もプログラミングも最先端の学習がなされている。こうなると次に起きてくるのは、子育て世帯の移住です。

かつては子育て世帯からは敬遠されていた飯塚市が注目され、続々と子育て世帯が引っ越してきました。そのため、駅前近くのマンションは人気となり、学校は新入生、転入生が増えました。この子育て世帯は消費も旺盛です。やがて税収が大幅に増え、町には活気が出てきました。

十五分のモジュール授業が学校を変え、子どもを変え、ついには町が変わり始めたのです。

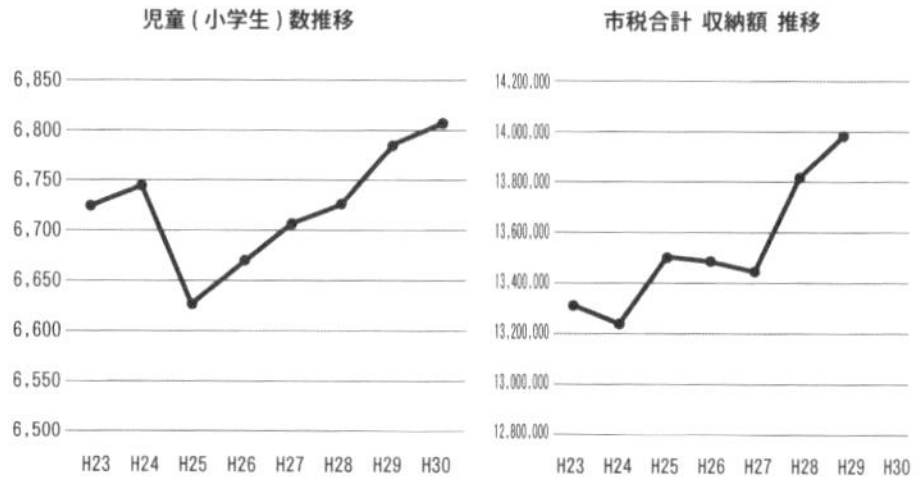

飯塚市の児童数と税収の変化

●チーム一丸

優勝する野球チームには必ずよい監督がいて、選手全体を上手に導き、一部の選手に過剰な期待がいかないように配慮するものです。

学校も同じです。一人のスーパーな先生がいても、その先生が目立つばかりで、チームとしての指導力は高くはありません。スーパーなエースピッチャーやホームランバッターが一人いて、その選手だけが目立っても対立が生まれチームとしては強くならないのと同じです。

　実際に漢字テストの数値で調べていくと、一年間優れた先生の指導で伸びたとしても、翌年の先生の指導が普通であれば、翌年も同様によい結果が生まれることになることはまずありません。一年間の指導で伸びるレベルは限界があるのです。

学年・組	1年漢字	2年漢字	3年漢字	4年漢字	5年漢字	6年漢字
1-1	7.9					
1-2	6.7					
2-1	9.7	8.2				
2-2	8.9	6.5				
3-1	9.5	6.7	8.3			
3-2	9.8	9.0	8.7			
4-1	9.9	9.7	8.7	9.3		
4-2	9.8	9.2	8.8	9.7		
4-3	9.9	9.6	9.0	9.9		
5-1	9.8	9.2	7.8	6.8	8.9	
5-2	9.9	9.0	8.5	7.2	8.7	
6-1	9.9	9.9	9.7	8.8	9.2	9.9
6-2	9.9	9.7	9.8	9.0	8.6	9.8
6-3	10.0	10.0	9.9	10.0	9.8	10.0

田川市の小学校の漢字学習結果

　一方、その逆の悪い一年間の影響は強く出ます。学級崩壊と言われる現象が起きてしまうと、その悪影響は長く残ってしまいます。

　上の表は田川市の小学校で漢字の集中速習に取り組み始めたばかりの頃の漢字テストの結果です。それぞれの学年の漢字を十個選び、それを全学年で調べた結果です。

　これを見ると、六年生は学年として一体的に指導されたのがよく分かり、またその結果は見事に高くなっています。六年生は最高学年であり、成長しています。学び直しは一体的にやればかなりできるものなのです。

一方、二年生は二クラスしかないのに、大きな差がついています。おそらく学年として教材や宿題が統一されておらず、結果に差があります。なおかつ、結果も低くなっています。そもそも漢字の定着は、宿題などで反復すれば定着するものであり、授業のうまいへたというようなものの影響はそれほど大きいものではありません。

この二年生は、先生間の関係性が希薄で、それぞれが勝手に指導しているので、こうした結果になっていると考えられます。

しかし、不思議なのは三年生です。三年生に三年生の配当漢字を指導した結果はあまり悪くはなく、同様の結果になっています。しかし問題はこの三年生が二年生の時に学習した漢字のテスト結果です。クラスにより大きな違いがあり、なおかつ学年平均では低くなっています。

そこで私は校長先生に確認しました。

「この三年生は、二年生の時、学級崩壊していましたか？」

校長先生は、

「その通りですが、なぜ分かるのですか」

と答えられました。

まず二年生の段階の定着率が低く、なお学級間に学力の違いがあるというのは、学力以外で学級編成をした。つまり友達関係を第一に考え学級編成されたことがうかがえるからです。こうした異例の学級編成をするのは、よほど二年生の状況が悪かったということです。

このように、学級担任請負の学校経営になっていると、こうしたでこぼこのデータになるのは当然です。よく学年の特性としてよい悪いと議論されることは日常ですが、実はその原因は子どもの側に原因があるわけではなく、担任の力量不足から生まれたという面も多いのです。

こうした実情を受け、田川市教育委員会は、私にある依頼をしてきました。

「モジュール授業の中で新出漢字の指導を終え、なおかつ高度に定着させる方法を教えてください」

これは、あまりにハードルの高い依頼です。少し悩みましたが、私はそれを受けました。その内容についてはあとで説明しますが、田川市教育委員会は私にそのモデル授業をさせ、それを映像化し、田川市内の学級すべてに配布して、その方法で指導するよう学校を指導したのです。

私は、まだ実証を終えてない段階での普及なので、不安が大きかったのですが、市教委としてはモデル授業の様子を見た結果、一気に普及に踏み込みました。

すると、学校や学級により多少のでこぼこがありながらも、一斉に漢字の定着率は上昇し、実施一年目で田川市内全児童の平均の漢字定着率は九割近くに達し、翌年には九割を超えました(次ページ上の表参照)。九割を超えるというのは九十点でも平均以下ということになります。

全体	1年生		2年生		3年生		4年生		5年生		6年生		平均正答率	
	9月	1月	9月	1月	9月	1月	9月	1月	9月	1月	9月	1月	9月	1月
A小学校		5.9	6.3	9.0	7.7	8.7	7.4	8.6	6.9	8.6	7.4	8.7	7.1	8.3
B小学校		9.3	6.2	9.4	5.5	8.8	6.5	9.7	6.8	9.5	7.1	9.0	6.4	9.3
C小学校		7.8	7.0	8.6	6.1	7.7	9.5	9.1	6.8	8.0	7.4	8.6	7.3	8.3
D小学校		9.5	7.2	9.6	9.3	9.5	9.2	9.8	8.5	8.5	9.1	9.4	8.7	9.4
E小学校		9.0	5.5	8.0	6.0	7.5	5.9	7.6	6.9	8.3	6.7	8.4	6.2	8.1
F小学校		8.5	5.0	8.8	6.0	9.5	5.9	9.2	6.0	9.4	6.5	9.1	5.9	9.1
G小学校		9.9	9.7	9.7	8.9	9.4	9.6	9.9	8.6	9.8	8.9	9.9	9.1	9.8
H小学校		9.5	7.2	9.6	7.5	9.0	7.2	9.0	7.5	9.4	7.4	9.3	7.4	9.3
I小学校		8.2	6.1	8.3	6.6	8.7	7.3	8.9	7.4	9.1	7.6	8.9	7.0	8.7
市平均	**####**	**8.6**	**6.7**	**9.0**	**7.1**	**8.8**	**7.6**	**9.1**	**7.3**	**9.0**	**7.6**	**9.0**	**7.2**	**8.9**

田川市内全児童の漢字正答率

	５月	７月	１２月	３月
2年　A児	５	１０	未受験	６５
2年　B児	１０	２５	未受験	未受験
2年　C児	０	２５	６０	１００
2年　D児	４０	５０	９０	９０
2年　E児	５５	９５	１００	１００
2年　F児	１０	３５	８０	９０
3年　G児	７５	９０	９５	１００
3年　H児	１５	５０	８５	１００
3年　I児	２５	６０	９０	１００
4年　J児	３５	６５	１００	１００
4年　K児	６０	８５	未受験	９０
4年　L児	２０	０	未受験	未受験
5年　M児	２０	６０	８５	１００
5年　N児	５５	７５	９０	１００
5年　O児	未受験	未受験	１５	５

倉敷市内のある特別支援学級における漢字テストの点数の推移

百点以上は取れませんから、実際に平均九十点以上というのはほとんどの子どもは満点という状況を意味します。これは予想をはるかに超える結果でした。

この実践と並行して、岡山県倉敷市のある小学校では、普通学級に加えて特別支援学級でも陰山メソッドによる漢字指導を行いました。

ここでも私自身は、特別支援学級での経験はなく、特別支援学級でこうした指導を行うことは考えていませんでした。しかし、この学校の先生方は、成功の可能性を感じておられ、一気に指導に踏み込まれました。すると、ここでもなかなか漢字が覚えられない子どもが九十点以上を連発するという状況が生まれてきたのです（右ページ下の表参照）。

これらの結果に一番驚いたのは私かもしれません。

今の時代、個に応じた指導が叫ばれる中、これと正反対に、一斉同一の指導を学校や地域全体で行うというのは、常識への挑戦でした。そしてそれは過去考えられもしなかった高い結果を生み出したのです。

ただ振り返ると、そうなる予兆はありました。

それは、飯塚市の実践の土台となった山口県山陽小野田市の実践結果です。文部科学省の支援を受け、市内一斉の徹底反復を行った結果、山陽小野田市の三千人あまりの子どもの知能は、次のグラフのように上がりました。これは、江澤正思教育長の研究により明らかになったこと

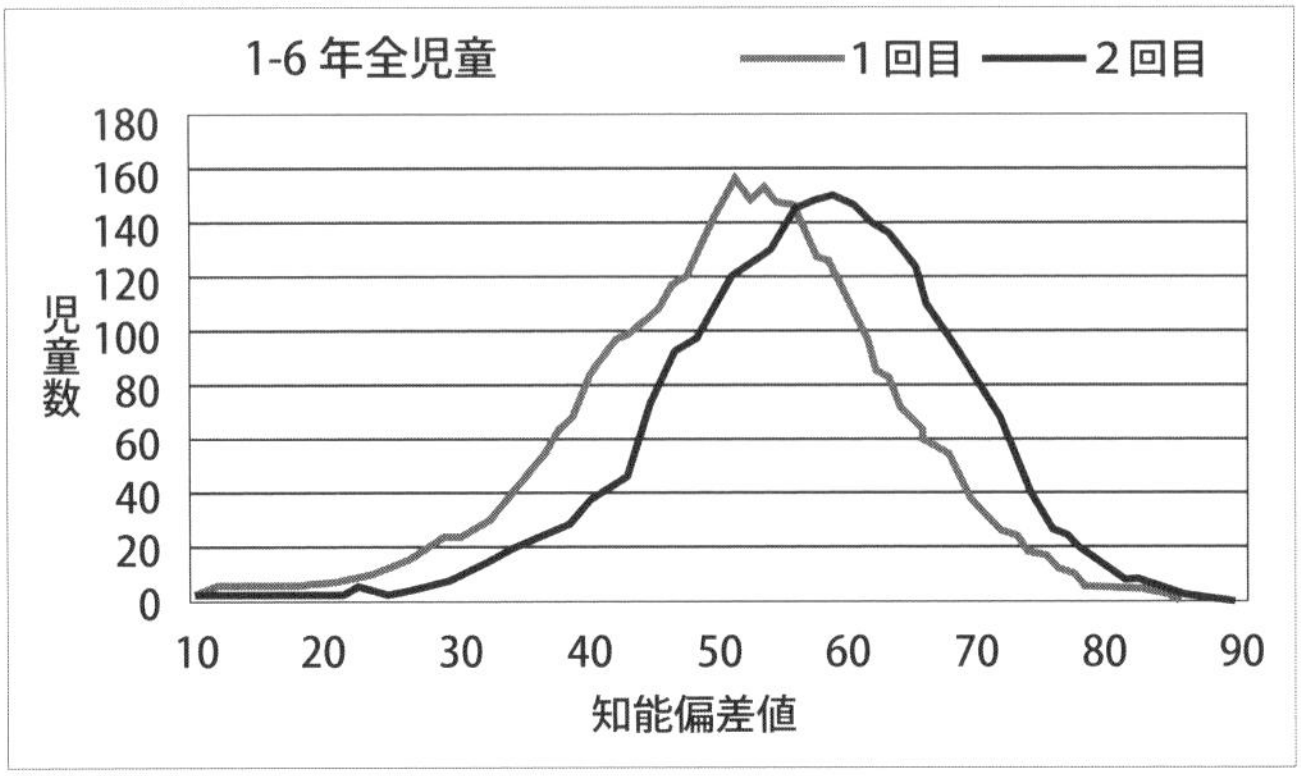

でした。

縦軸は人数、横軸は知能指数です。これを見ると短期間に子どもたちの知能指数が上がっていることが分かります。その平均値は九ポイントの上昇です。それ自体、素晴らしい結果ですが、私が注目したのは、グラフの形です。

それは、多少は変形しながらもほぼ同じような形のまま、上昇していることです。これは、もともと勉強ができた子どもも、そうでない子どもも、同じように知能が上昇していることを示しています。つまりそれは各学級に六％はいると言われる発達障害をもっている子も伸びるということを意味しています。

はたしてそれは可能なのでしょうか。

北海道に特別支援の必要な子どもを集め、陰山メソッドで指導している放課後デイサービス「アバンセ」があります。このグラフは、そこに通う生徒たちの定期試験

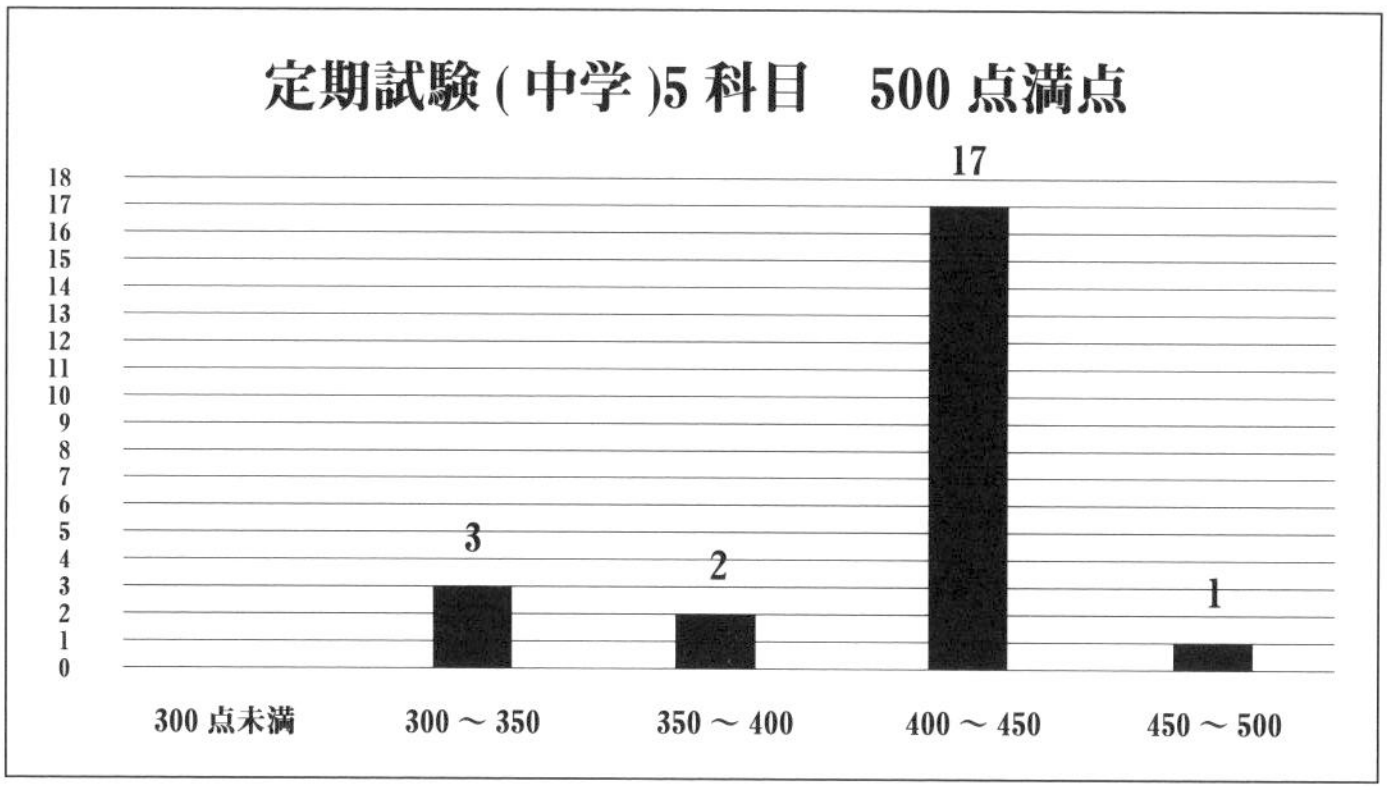

の成績分布です。代表の飯田さんに話を聞くと、小学校で入所時には知能指数が七十ほどだった子どもでも、高学年になると百を大きく超え、中学では成績上位となり、今では、高校入試において地域のトップの進学校に合格する事例が出てきているとのことです。この定期試験の結果から類推すると、偏差値では六十を超える子が続々と出てきていることでしょう。

過去には、私の実践を頼りに、知的障害をもったお子さんが、地域の中堅私立中学に合格し進学されていたこともあります。この特別支援の子どもの指導においても陰山メソッドは有効と言える事例が今相次いでいます。

●子どもの問題行動を解決する

陰山メソッドの意外な効果は、子どもたちの問題行動が一気に減少し、落ち着いた生活をするようになることです。その理由を科学的に説明する能力は私にはありません。しかし、一般に大脳の前頭前野は読み書き計算を集中して学習するとき非常に活性化することが知られています。また、この前頭前野はこうした学習をすると同時に、人間性をつかさどるとも言われています。そのため、読み書き計算の反復学習を指導し始めると直ちに落ち着くということがよく語られます

広島県福山市に非常に子どもが荒れやすいと言われた学校があります。特に地域の祭りの関係で秋になると子どもが荒れて、学校はその対応に追われるというのが日常でした。そこで子どもの心を安定させ、問題行動をなくしたいと、学力ではなく問題行動を減らすことを目的として陰山メソッドを導入されました。

一〇月に荒れやすいということで、それまでの研修を希望されましたが日程が合わず、ようやく訪問できたのは一〇月三日のことでした。そこで読み書き計算の指導方法を研修してもらい、直ちに翌日より実践が開始されました。

そして年末に、お礼のメールが届きました。

それが以下の内容です。

一〇月三日は、本校にとって記念すべき日になりました。

感謝しています。先生のご指導に従って、漢字学習を開始し、帯タイムも改善致しまし

た。また、それぞれの先生の授業の改善も行っています。

◎漢字学習

朝一番に漢字学習を十分間行うことで、だらだら朝読がなくなり、引き締まりました。すぐの漢字テストがものすごく効果的です。

◎音読

土堂小学校の音読の様子を、学校朝会で全校児童に見せました。それ以来、先生の指導に対する意識も変わり、一気に音読の質が向上しました。

◎計算

時間をさらに意識させることで、スピードも上がりました。

◎生徒指導

魔の一〇月のはずですが、問題行動が半減しています。保護者のクレームはほとんどありません。本当に不思議です。

◎先生

よい授業の呪縛から解放され、テンポのよい集中力を高める授業を考えるようになりました。

◎児童の意識

ビデオ撮影をし、客観的に自分を見ることや、結果の見える取り組みによりやればできるという意識が高まりました。

一方、岡山県の郡部の小学校からも嬉しい報告がありました。

その小学校にある年、信じられないコメントのついた子どもたちが幼稚園から上がってくることになりました。それも十二名中十一名です。

その幼稚園から送られた子どもたちのコメントの具体は、例えば以下のようなものでした。

○心がすさんでいる。人として育っていない。人を突き落とすようないじめを平気でする。
○違う世界にいるような気がする。新しいものは受け入れられない。
○知的に低く、言葉が分からずイライラする様子が見られた。
○全く集団に入れない。話を聞いてないので指示が通らない。ずっとひとりでしゃべっていることもある。
○人になじめない。発達障害を感じる。

この子どもたちは、小学校に入学すると同時に荒れ始め、参観日の親の前でも立ち歩き、不規則に叫び、喧嘩をするというようなことの連続だったそうです。その結果、担任は二か月でうつ病となり、回復できずそのまま退職に追い込まれてしまいました。

そしてそれは改善されないまま、二年生、三年生となっていきますが、当然学習はまともにできないので、学力は低いままになっていました。

そして、その子たちが四年生になった時、前任校で陰山メソッドを導入していた教頭先生が校長となって赴任してきました。陰山メソッドを導入することになるのですが、驚くべきはその効果です。導入と同時に落ち着きはじめ、学力が向上し始めたのです。そして二年目の五年生の時は国語

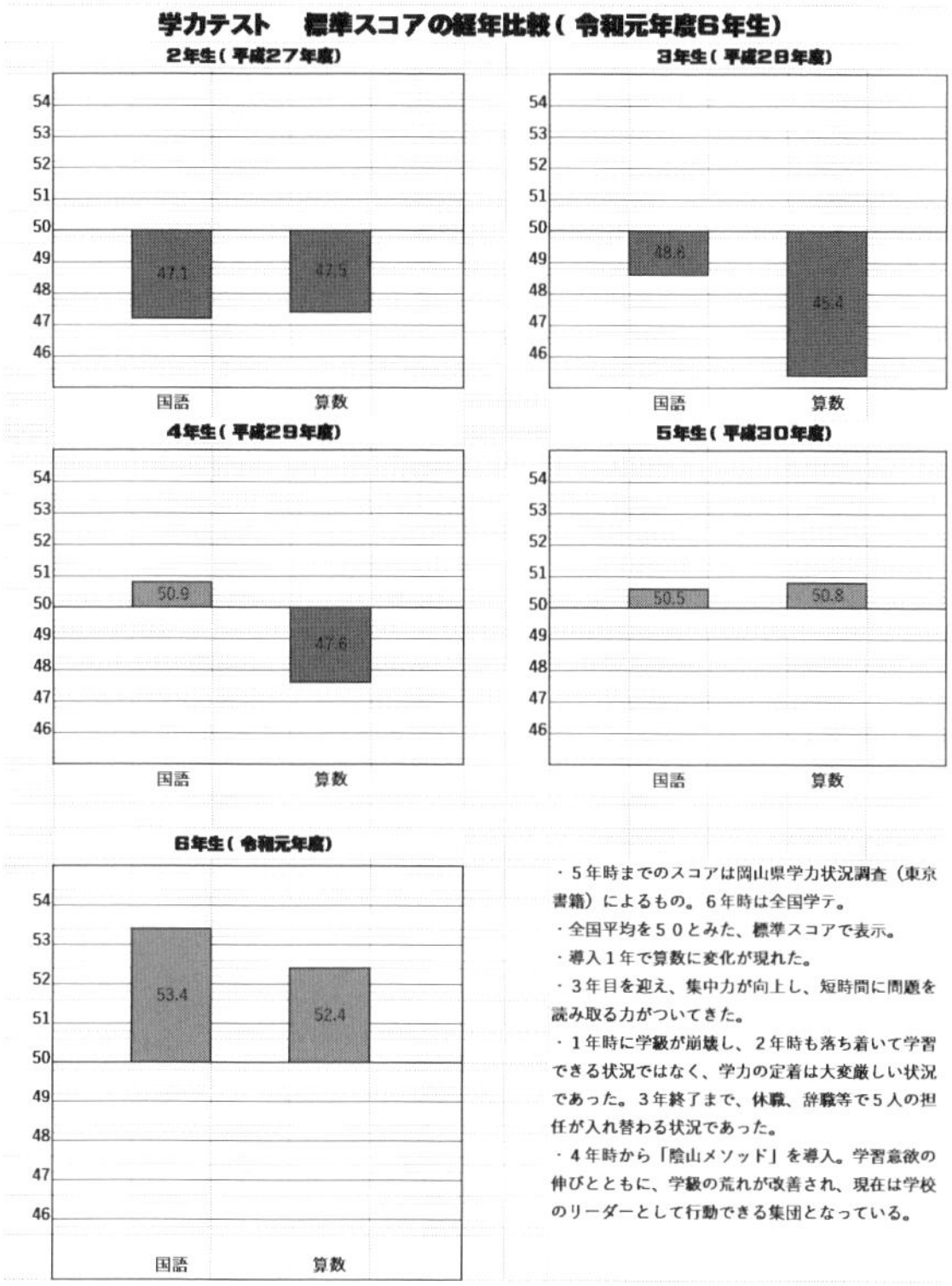

も算数も学力テストの結果は全国平均を超え、さらに六年生になった時は全国平均をさらに大きく上回る結果になったのです。

問題行動は皆無となり、学校をきちんとリードできる子どもへと成長したというのです。

前の図は、その記録です。

●子どもと教師の負担を下げる

陰山メソッドがうまく導入できると、子どもの学習能力は高まりますから、比較的短時間の簡単な学習で学習目標は達成されます。またそれは学習のみならず、さまざまな生活場面でも効率的に子どもは動くようになります。

その結果、教師も子どもも学校生活に対する負担感がぐっと減ってきます。教師の場合、それは退勤時刻が早まるという形になって現れてきます。

実際に陰山メソッド導入前は、夜の一〇時になっても先生が学校に残って授業準備をしていたのが、導入後は、夕方六時には多くの先生は帰っているというようなことは普通になります。

授業では板書ひとつしなくても、口頭の説明や指示だけで全員が授業目標を達成するというようなことも起きてきます。

その上、問題行動は減り、保護者のクレームはなくなってきますから、先生方の負担は本当

	５月末	翌年３月
２年生から３年生	72%	99%
４年生から６年生	79%	95%

梅林小学校の漢字の習得率

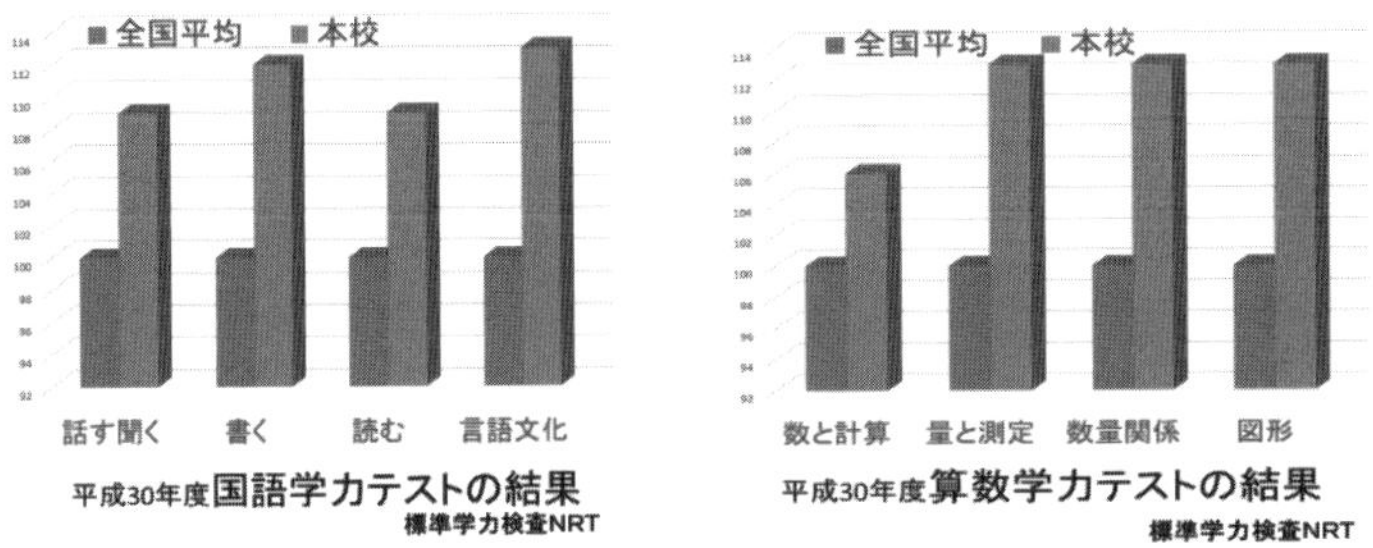

梅林小学校の標準学力テストの結果

に減ります。

　岐阜市立梅林小学校の堀江秀樹校長先生は、その効果を積極的に働き方改革に生かし、平成三〇年度の年休取得率を七五％にした校長先生です。これは画期的なことでしょう。

　なぜそのようなことが可能かというと、モジュール授業の時間を正規の授業時間にカウントしているからです。モジュール授業も毎日やっていると、結構な時間になります。それを授業時間にカウントして、必要授業時間を減らし、五時間授業の日や、ときには午前中だけの授業時間の日を設定しているのです。

　こうなると先生も子どももゆとりが生まれます。

年度	回数
H28 年度	619
H29 年度	349
H30 年度	271
R元年度	246

1 学期の児童の遅刻の回数

年度	件数
H27 年度	165
H28 年度	118
H29 年度	102
H30 年度	92
R元年度	60

校内で発生した子どものけがの件数

しかし、これも子どもの高度な学力がそれを可能にしていることを忘れてはいけません。

例えば漢字の習得率は、前ページの表のような状況です。

年度末段階で満点近くも素晴らしいですが、漢字をゴールデンウィーク前に教えた直後で七割以上というのも驚異的です。

図書文化社の標準学力テストの結果も全国平均を大きく上回っているのが分かります（前ページ中段グラ

フ）。こうした結果が出ることで地域の信頼が得られているのです。

さらに梅林小学校のデータには興味深いものがあります。

まず、遅刻が減っています。

もともと梅林小学校は歓楽街に近いという特性から、生活リズムが不規則な家庭が多くあり、遅刻が多いという問題があったのです。

しかし、この実践開始以来、この遅刻が減ってきているのです（右の表参照）。

さらに興味深いデータがあります。子どもの校内でのけがが減っているというのです。

これらは子どもの負担が減り、落ち着いた学校生活を送ることにつながっています。

こうしたことを背景に、梅林小学校でも、プログラミング授業にペッパーを導入しています。

このペッパーを使ったプログラミング学習は、コンクールがあるのですが、ここでは飯塚市と梅林小学校はライバルになっているのはおもしろいことです。

飯塚市の小学校が全国大会に入賞できなかったとき、岐阜の小学校に負けたと言っていたようですが、それは梅林小学校でした。つまり陰山メソッドのライバル校は陰山メソッドの学校だったのです。

余談ですが、陰山メソッド実施校には、よくペッパーが入っています。

この「Pepper 社会貢献プログラム スクールチャレンジ」というプロジェクトを推進され

ている池田さんという方が、飯塚市で陰山メソッドに出会い、その内容に感心されたそうです。

自宅で自分のお子さんにやらせたところ、それまでの心配がうそのように学力が伸び始め、自信をもつようになり、もっと勉強がしたいと言うようになったというのです。

それから、池田さんはプロジェクトと並行しながら、陰山メソッドの無償営業マンをやってくださっているのです。

第三章

陰山メソッドとは何か？

一　陰山メソッドとは何か？

陰山メソッドとは脳の高速化メソッドです。子どもたちの脳をコンピューターに喩えると、パソコンレベルからスーパーコンピュータレベルに向上させるメソッドと理解してもらってかまいません。そんなことが可能なのかと思われるかもしれませんが十分可能であると同時に、それは高度な技術が必要なわけでもなく、時間や期間も多くの人が思うほど多くを要するものではありません。

具体的に何をするかと言うと、音読や計算、そして漢字練習や語彙学習を短時間集中して徹底指導するのです。「単純なことを徹底的に反復する」と言えば、多くの人はパブロフの条件反射を思い出し、「単純なことを繰り返せば単純なことしかできなくなる」と誤解をされてしまいます。まして、応用力、活用力が課題であると言われる今日、「そんな単純なことを繰り返せば応用力、活用力はむしろ失われてしまう」、そう思われてしまうのです。

しかし、各地域の実績を見ていただいたように、読み書き計算に習熟してくると、子どもの応用力・活用力は高まります。応用力・活用力を伸ばす授業を見ますが、それは大人が考えた思考というものを、子どもが模倣するように追い込んでいるように思えるものが少なくありません。また学習指導要領も、「主体的・対話的で深い学び」ができることを求めていますが、その前には、基礎基本の確実な習得を求めています。しかし、実態はそれが重視されることがあまりありません。基礎が身についていないのに応用力を求められれば、それは子どもにとっては苦痛です。それが子どもの学習を難しくする要因にもなっていると思うのです。

「基礎基本が盤石なレベルまで高まり、自在に活用する力を応用力」と私は考えています。そして、その基礎基本を瞬時に使いこなすためには、脳そのものが高速に情報処理し、瞬時に動きに変えていくことが必要です。パソコンとスーパーコンピュータの違いは何か、実は高度なソフトウェアが備えられているわけではありません。

　コンピュータの性能はたった一つ。それは、速さです。コンピュータの性能を確かめるには、何万桁かの円周率の計算がどれくらいの時間でできるか、そうした単純な作業で計られていきます。情報処理の高速化がはたらきの質を変えてしまうのです。

　陰山メソッドは読み書き計算の集中的なトレーニングにより、脳の高速な情報処理を可能にするものと考えています。そのことによって、あらゆる複雑なソフトウェアを走らせることができるようになるのです。そして、その脳の高速化が実現できれば、子どもたちはその高速な能力を使い、教科書の学習を短時間に終えることができたり、複雑な文章や文章題の理解を比較的簡単にできるようになったり、また、一見関係のないいくつかの知識を組み合わせながら新たな発想を生み出すことができたりするようになるのです。単純な学習トレーニングから高度な学習につなげていく一連のメソッド、それこそが陰山メソッドなのです。

二　勉強とは集中する練習である

学校の先生も保護者も、「集中して勉強しなさい」とよく言います。でも実践を積み重ね、それを振り返ったとき、実は逆が本質ではないかと思うようになりました。つまり、「勉強とは集中というものを学ぶためにある」ということです。と言うのも、子どもは勉強していてもだらだらやっていると、かえって成績が伸び悩んだり、あるいは、落ちていくこともあります。それはなぜかと考えていた時、ひらめいたのです。それは、「勉強にとって集中することは決定的に重要で、そもそも勉強とは何かを達成するために言語や数字を使って集中することを学ぶことである。単純に言えば勉強とは集中する練習である」。そう考えた瞬間、私の中にあった多くの疑問が一瞬のうちに解けたように思えたのです。

もし、「勉強とは集中する練習である」とするのならば、だらだらと分数の問題を解いているのは、実は分数を学んでいるのではなく、だらだらを学んでいるということになります。集中するということが勉強の目的であるとするのならば、「だらだら分数を解くというのは、勉強ができなくなる練習である」と言ってよいかもしれません。だらだら勉強するということは子どもを高学力に導くのではなく、低学力に導く時間となってしまうということなのです。

まして、勉強が分からないままじっと教科書や問題集を見て、フリーズしてしまっているような子ども、これはよく見られる光景ですが、非常に危険な状態と言ってよいでしょう。受験勉強の時に、ある程度悩んで分からなければ答えを見てもよい、そんな助言がときどきありますが、これは「勉強とは集中する練習である」ということを正しいとするならば、大変的を射た助言と言えるでしょう。何かが分からない状態で集中するというのは、それほど長くはできないものです。ならば答えを見ることによりその答えの意味することを理解しようとするほうが、学習としては効率的です。

では、こうした学習の効率化は、なぜ避けられきたのでしょうか。私は、そこに「勉強に必要なのは努力と根性と時間だ」という認識が一般的だからではないかと考えています。分からない問題に出合ったとき、分かるまで一生懸命考え、その結果分かればいいのですが、分からないまま終わることがよくあります。こうした状態で時間と努力を無為に過ごしてしまえば、勉強というものは挫折する練習になってしまいます。そこの最大の問題は自信を失うことです。

私が子どもたちを指導しているとき最もその指導を困難にするのは、この自信のなさなのです。「どうせ自分はできない、自分は頭が悪い」、一生懸命努力してうまくいかなかったことの蓄積は子どもたちの心に大きなダメージを与えてしまいます。そして、それが原因で勉強ができなくなるのです。

そして、この自信のなさこそ、子どもたちを集中させない最大の要因なのです。よく、陰山先生は勉強のことばかり言って心の教育に無関心だ、みたいな批判を受けますが、実際に子どもたちの学習指導をしていると、この「コンプレックスの克服」という心の教育なしには学力向上など決してできません。逆に子どもたちは、できなかった問題が解けるようになることによって、自信を回復し、前向きになり、それがある一定以上のレベルになったときには、より困難なものでも挑戦しようと変わっていきます。そしてその状態にもっていく主要な取り組みが読み書き計算の反復学習なのです。1+1=2、あいうえおや簡単な漢字の読み書き、そこから一つ一つの学習成果を積み重ね、力の塊にして構築していく。これが大事なのです。当初は「そんな簡単なことをやって何になるのか」、と子どもたち自身が思うものですが、それらの反復学習により、能力そのものが高まってくれば、子どもたちは前向きになっていきます。そして大切なのは、これを毎日繰り返すことによって能力を高めていくことであり、それはまさしく「練習」とか「トレーニング」と言った方が分かりやすいものなのです。

三　勉強に必要なのは時間管理である

こうした学習をしていくときに決定的に重要なことがあります。それは、「学習時間の管理」です。百ます計算を指導し始めた頃、この計算ができるようになるのにどれくらいの時間が適切かが分からず、試行錯誤を繰り返していました。しかしそのうちに、それが小学校の低学年であれば二分以内を達成するようになると、子どもたちの算数でのつまずきというのは一気に減っていくことが分かりました。高学年になり、それが一分三十秒ぐらいでできるようになると、高学年の計算の学習においてもつまずきは減っていきました。

子どもたちが百ます計算をするとき、私はストップウォッチを使い、タイムを詳細に記録していました。そうしているうち私の指導に変化が起きてきました。それは、子どもたちの百ます計算のタイムを念頭に置いて指導をし、文章題やさまざまな課題をやらせるときにも目標タイムを意識するようになったのです。例えば、百ます計算が一定レベルに達しているのならば、教科書のこのページは何分ぐらいの指導で終えることができるか、以前はこの程度かかっていたけれど今ならそれを半分くらいに減らせるのではないか、そうしたことを考えながら、学習に時間の見積もりをするようになったのです。

その結果、さらに不思議なことが起こりました。百ます計算のタイムの向上は、子どもたちの通常の学習時間を大幅に短縮すると同時に、高度な問題を解かせるよう子どもが要求してくる場面も出てきたのです。

学習に対して時間の見通しをもつ、これは子どもたちが自主的に学習する際においても非常に有効なことになっていきました。子どもたちが家庭で宿題をするときも時計を見ながら目標を設定し、その時間内で学習するようになってくると、学習時間は短くなりながら高度に理解力を上げていったのです。「勉強に決定的に必要なのは時間管理である」、百ます計算から始まったストップウォッチを使った指導は授業そのものの在り方をも変えていったのです。

そこで確実に時間管理をしながら学習するには次の三つが必要です。

一　学習時間帯を決める時計

二　百ます計算のタイムを計るストップウォッチ

三　目標時間を決めて学習をするためのカウントダウンタイマー

でもこれらを並べて学習するのは面倒です。そこで、これらを一体化したが学習時計がないか探しましたがありませんでした。私は、セイコーにお願いをして、卓上の学習時計を作ってもらいました。これ

は反響を呼び、セイコーも予想してなかったヒット商品になったのです。このことから見えてくるのは、勉強を細かく時間で管理し、集中の度合いを上げていく重要性が理解されていなかったということです。授業においてもこの時間管理は重要なのです。

四　読み書き計算の徹底反復は学習能力を高めるためにある

「陰山メソッド」というと、百ます計算や漢字学習というイメージが強く、それは間違いではありません。しかし、私自身は、百ます計算の指導や漢字学習に充てている時間は通常の学級よりも大幅に少なかったのです。

　理由は簡単です。百ます計算は短期間にタイムを向上させることができます。漢字も集中して指導すれば三か月から長くて半年でほぼ完ぺきに理解させることができます。読み書き計算の反復学習を徹底することによって、子どもたちの学習能力は極限まで高めることができます。漢字の指導は一一月くらいには完全に終えており、一度覚えたものを忘れない程度にやらせるだけで十分でした。

百ます計算も夏休みまでには十分に高まり、二学期以降はそれらの力を生かしてひっ算や分数計算など応用的な計算を指導することが中心になります。時間管理を進める中、さらに秋以降には決定的な変化が起きてきます。それは教科書の学習進度が高速化していくのです。そのことに気づいた私はいつからか、教科書が想定している配当時間の半分程の時間で指導することが普通になっていました。

子どもたちは別に悩むこともなく教科書が進んでいくのですが、授業の終わりに「三時間分を今日一時間で終えたよ」と言うと、子どもたちは驚いていました。そして、三時間分を一時間で終えたとしても何ら悩むことのない自分たちに自信をもち、やがて「もっと難しい問題を出して」と要求するほど、やりごたえのある問題を求めるようになったのです。

五　集中速習

教科書を所定より高速に進めていくことは、学校の働き方改革を進めるにも有効です。

特に算数は、百ます計算のタイムが十分に伸び、ひっ算の練習が十分できていれば、高速化しやすい教科です。元々配当時間が多いので、高速化すれば教科指導全体に時間的余裕が生まれます。その点でも集中速習は今後の指導改善の最大ポイントです。

事実、最近の学校から、「どうすれば集中速習が可能になるか」という問い合わせが多く来ます。「授業はゆっくりで丁寧がよい」という価値観を転換しようという機運が芽生えてきました。

ここで使う教材があります。「たったこれだけプリント」（小学館）です。

この「たったこれだけプリント」は、主要教科の内容の重要ポイントをしぼりこみ、それを集中的に学習させるための教材です。教科書にはいろいろな記述がありますが、本当に重要な部分はそう多くはありません。しかし、教科書ではその重要なことと枝葉の部分が混在しています。そのため、教科書通りの指導だと結果的に重要部分の学習の習熟が不足してしまうのです。

そうならないよう、重要事項をしぼり、徹底反復して完全習熟させてしまうことで、算数は高速に確実に身につくのです。

家庭で使う場合、年間の予習教材として使われる方が多いようです。五月前半までに一度終了し、それから二冊目を購入し反復します。子どもを伸ばすために重要なのは、この終了までの期間を短縮させることです。同じ内容なので、速くなるのは当然です。こんなことに意味があるのかと思われるでしょう。しかし、これが重要なのです。その理由は、九九と同じです。基礎基本の知識は、一応覚えたというレベルでは使い物になりません。さっと思い出し、自在に使えるレベルにしないと学習したことにはなりません。よく丸暗記が批判されます。それは的外れです。丸暗記といっても、実際子どもの暗記は中途半端でさっと思い出せないことが多く、自在に使いこなせないことが問題なのです。

「たったこれだけプリント」を学校で指導する場合は、教科書の指導に入る前に、予習として活用するのが効果的です。「たったこれだけプリント」は、見開きで学習するように構成していて、左のページを音読することで理解します。そして、理解できているかどうかを右の練習問題を解くことで確認していきます。解けない場合は、左のページを読んで確かめます。それでもなお分からない場合は、そこをとばして次に進み、あとでまとめて再挑戦します。どうしても分からない場合は、答えを見てかまいません。そうして何度か挑戦し、なお答えを見れば、どこがどう理解できていなかったか、分かりやすくなります。

　こうした学習は、理解を効率化するには有効な方法です。むしろ問題なのは、分からない問題を見て、固まってしまうことです。答えを見ながら何度か挑戦し、その繰り返しの中で理解する。それが重要なのです。

1　一時間の学習の目標は一つにしぼり、到達ポイントを明確にする。
2　授業構成はシンプルに箇条書きにし、学習活動もシンプルにして時間の見積もりをしっかりしておく。
3　最終段階の学習活動を決めておき、必ず到達するよう指導する。

教科書の位置づけは、問題集として見ていきます。最近の教科書の問題は量が多く、質的に難しくなっています。丁寧に説明することは不可能です。ですから、何時間分かの問題をひとくくりにして一気に進めるとよいでしょう。

授業の進め方は、以降で詳しく説明します。

第四章

陰山メソッド

実践編

一①　子どもの学力が伸びないのは集中の欠如

近年私は、多くの学校に出かけ、その日初めて出会う子どもたちに授業を行い、多くの見学者の前で指導するということをしています。そうした中から、四十五分の授業で漢字を全く覚えられなかった子が、一瞬にして覚え始めるという場面に何回も出会ってきました。また、百ます計算も五分程度かかる子が、一気に三分台までタイムを縮めるということも出てきました。そんな授業のあと、その学校の先生方から「どんな魔法を使ったのですか」と質問されることもしばしばです。

忘れられない授業があります。新潟県糸魚川市での授業です。教育委員会から「読み書き計算の模範となる指導をしてほしい」と言われました。特に漢字の習得を苦手とする子がいるので、新出漢字の指導法をやってもらうとありがたい、と。そのクラスの中には、一生懸命教えて三十点くらいしか漢字テストで点が取れない子がいました。

まず授業は音読から始めます。なぜなら音読は、最も簡単に始めることができる脳の活性化指導だからです。その時は萩原朔太郎の詩「冬が来た」の二連を繰り返し音読し、やがて暗唱させるということを指導しました。私が模範を示し、子どもたちがそのあとについて音読する、それを一分ごとに繰り返し、スピードを速めながらやがて自分で言えるようにしていくのです。わずかな文章ですが、子どもたちは十分少々の練習で、とりあえず見ずに言えるようになりました。

そして次に百ます計算をさせます。三年生と四年生の複式学級なので、その能力差は大きいですが、音読で子どもたちにテンポよく指導を繰り返す中で一つの注意をしながら授業を進めました。それは、みんな必ずできるようになる、という意識をもって進めることです。そして百ます計算を二回繰り返す中に深呼吸を入れ、ほとんどの子がタイムを上げたことを確認し、いよいよ本番の漢字学習に入っていきました。

一②　苦手意識が子どもの成長を阻む

全く新しい漢字を学習させなければいけないので、あえて五年生の漢字を四文字、教えることにしました。すると、例の漢字を苦手にしている子は「ぼくは漢字が苦手だし、覚えられない。友達は、すぐに覚える子もいるけど」と大きな声を出し、これからの指導に対して最初から言い訳のような行動をしていました。私は「いや、友達のことではなく、自分が覚えればいいんだ」と軽くいなし、一文字目を書いていったのです。

一文字目は「桜」という漢字でした。難しくありません。子どもたちに書き順を示しながら自分で書かせてみました。そして、その子の机に歩み寄り、ノートを見ると、桜という簡単な形がまともに取れていないのです。私は、これがディスレクシアと呼ばれる障害なのか、と思いました。教室にはたくさんの参観者がいます。果たして陰山がここをどう指導していくのか、興味津々の視線を痛いほど感じていました。

そしてその瞬間、最大の危機に対して私も留め金が外れたように思います。その子の机の前に座り、桜という字を書かせました。その子が一生懸命書いた字を私は思いっきり消しました。一生懸命書いた字を消されたので、「何をするんだ」と声をあげました。私は「こんな汚い字では意味もないし、時間もかかりすぎ。もう一度書きなさい」と指示しました。彼は、しぶしぶ書きます。私は遠慮なく「これではだめ、もう一回」と言って消していきます。一度ならず二度までも「もう一度書きなさい」と言われると、彼の方にスイッチが入りました。きちんと形を見て書き始めたのです。しかし、時間はかかります。ですから私は遠慮なく消しました。子どもは丁寧に書いたのに消されたことに憤慨し、「なぜだめなんだ」と聞いたので、「きれいでも遅いからだめ、さっと書きなさい」と言います。その際、私は一つ工夫をしておきました。

あえてきれいに書けたその字を薄く消していたのです。彼は、その上をなぞればいいので、幾分早く書くようになりました。しかしまだ十分ではありません。さっと書いてこそ覚えたと言えるのです。「だめだ、さっと書きなさい」、今度は思いきり消します。むきになって彼は書いていきます。そして、ようやくさっと書けるようになって二文字目に入っていったのです。

二文字目は「幹」。桜よりも画数が多いですが、低学年で習った漢字の組み合わせでなんとかなります。同じように、さっときれいに書けるまで七回くらい消して書かせたでしょうか。そして、同様に「枝」と「防ぐ」という字。コツをつかむと、漢字が簡単だったこともあり、その子はさっと書けるようになっていきます。そして、四文字教えたところで、一分程度練習をさせ、すぐにテストしました。すると彼は、三番目に「書けた」と持ってきて、全問正解だったのです。意外だったのは普段よく覚える子が覚えられずにいたことです。するとその子は得意げにその子に教えに行くという、普段と正反対の現象が起きたのです。

実は、予習が全くできない学習においてこうしたことはよく起きてきます。なぜなら勉強がよくできるという子は、予習をしているからです。ですから、予習のないところでは伸び悩むということはよくあります。そして、全員が四文字を完全に合格したところで授業は終わりました。その漢字を苦手だという子はご機嫌です。私は、「君は『漢字苦手だ』って言ってたけど、漢字大好き少年になったんじゃないの？」と軽く冗談を言いました。その彼の返答はとても楽しいものでした。「ほんまや」と答えたのです。彼は自分が普段できないことをやりとげたということに気がついていなかったのです。

この実践の中には大きな教訓があります。それは、テンポよく授業を進めることにより子どもたちが「勉強が苦手だ」とか、「できなかったらどうしよう」とか、そういうことを考える時間を与えていないことです。子どもの集中を最も阻害するもの、それは苦手意識です。また、消しゴムを使いながらその鉛筆の跡をなぞるというのは極めて単調で学習とも言えないような取り組みと思われるかもしれませんが、同じところをなぞるという、誰でもできることだからこそ余計な心配を忘れ、集中していくことができるのです。繰り返しの中でスピード感を要求する、実はこれも集中させていく基本的な指導法なのです。

一③ 忘れることを無視した学習論

勉強を苦手とする子どもを伸ばす、というのは非常に難しい作業だと思われています。また、不可能だと思っている人も多いと思います。実は私も長くそう思ってきましたし、実際、いかに努力しようとも思うように子どもを伸ばすことは難しかったのです。子どもを伸ばすことは、失敗する危険性も高く、できない子に対して無理な指導をするのは子どもの心を傷つけることにつながりやすいので、そうしたことがないよう、まずは勉強を好きになることが大切だとか、無理して学力を伸ばす必要もないなどと、よく言われたものです。しかし、私が子どもたちと接していて伸びた子どもは意識も前向きになり、心の面でも成長するものです。

勉強を苦手としている子が、勉強を好きになることは不可能に近いけれども、簡単な内容を理解できるようにするということなら、まだ可能性はあります。従来の、時間と努力と苦労を積み重ねる学習では、子どもの集中はなかなか起きてきません。学習を作業のごとく単純化し、だれでもできるようなものに落とし込みながら高速化させていく、勉強が苦手な子もついうっかり「それならできる」「これは簡単」と苦手意識を忘れて作業をしてしまうのです。実はこれこそが、できない子を伸ばす方法だったのです。

ポイントは高速化。この高速化を引き出すためにはその子にとってできないことに挑戦させるのではなく、できることをより高速にするというプロセスが最も有効です。

例えば百ます計算。勉強の苦手な子にとっては高いハードルです。ですから子どもたちのできるレベル、それは十ますであったり、あるいは五ますや三ますであったり、その子が「これならできる」、というところまでレベルを下げ、その代わり、それがさっとできるようにするというトレーニングを積み重ねることが大事なのです。

この学習の最中に子どもたちへの余計な助言やほめ言葉は不要です。その方が高速化しやすいからです。そして、高速化するように子どもを導いていきます。大きな学習作業ではなく、さっとできることを何回も繰り返し高速化していく、そして、子ども自身が苦手意識を忘れてしまった瞬間、そこから子どもたちの成長の歩みが始まっていくのです。

子どもたちの成績が上がらない、または下がる、その一番の理由は何でしょうか。実は意外に単純です。それは、一度学習しても子どもは忘れてしまうということです。

その証拠に子どもたちの学期末のテストの難しさがあります。四月や五月に学習した内容を七月の学期末にテストします。あるいは何の根拠もなく十月や一月にテストをします。この時、四月に学習した時よりもテストの点は上がるでしょうか、下がるでしょうか、それとも変わらないでしょうか。これは下がります。なぜなら子どもは一度理解しても、忘れてしまうからです。

一度できたのだから思い出せばいいと、忘れてしまうことを軽く考えてはいないでしょうか。全ての人間は、学習したことを放っておくと忘れてしまいます。ですから、忘れさせないというのは重要なことです。でも学校の授業研究や教育研究で一度学習したことを忘れないようにするということが語られた事例はありません。

しかし、私はそれを徹底してやっていきました。やり方も極めて簡単です。一度できるようになったプリントを忘れた頃を見計らって何度もやらせるのです。同じプリントですから何回かやったのちには名前を書いたあと、問題を読まなくても答えを書いていく子すらいます。

そんなことに意味はない、と思われる方もいるでしょう。しかしそれが違うのです。日本の学習内容は系統的に積み上げられており、忘れてしまうということはその後の学習を遅らせてしまう最大の要因です。例えば、三角形の面積の公式を六年生に不意に問うたとします。その時、瞬間に答えられるようでなければ中学へ行ってから使い物になりません。中学ではそれを完全に暗記していることが前提で授業が展開されるからです。同じプリントを繰り返してやらせていれば、そのプリントをもとに理解した内容や、私の行った説明というものが記憶の中で再生され、より理解は強く深いものになっていきます。

同じプリントをやらせて覚えている内容を書かせるという作業は、表面的に見れば全く機械的で応用の利かない知識だと思っている人は多いと思いますが、小学校で学習する内容は基礎的基本的なことであり、上の学年になるとそれらの知識が前提となって展開していきます。基本的なことを忘れさせないことは子どもたちの知識を確かなものにし、理解を深いものにしていく土台なのです。

二① モジュール授業

陰山メソッドの指導において最も特徴となるのは、朝授業が始まる前の十五分程度のモジュール授業の指導です。この枠組みの中に百ますと音読、あるいは漢字学習など、単純な学習トレーニングを集中して行っていきます。このモジュール授業を実施していくためにはスピード、テンポ、タイミング、を重視します。たった十五分の時間に余計なおしゃべりや助言も必要はありません。端的に一言で指示を加え、高速に集中して学習を進めていきます。大切なのはいささかの空白の時間も作らず、音読から計算、計算から漢字学習、その作業の転換にものの数秒も空白の時間は無駄であり、毎日同じことをするわけですから、子どもたちの学習作業は瞬間に行わないといけません。

二②　モジュール授業のポイント

以下は、モジュール授業の基本的なポイントです。

1　スピード、テンポ、タイミングを意識し、無駄を排して高速に授業を進める。

スピードを速めるということは子どもの集中を高めていく最も基本的な指標です。無駄なくさっとできるように指導しましょう。

2　モジュール授業の内容について、最低二週間は同じものを繰り返し行う。

よく、曜日ごとに学習内容を変える学級がありますが、これは前日にやった学習が生かされず、集中しづらいものになるので絶対にやめたほうがいいです。一定期間、毎日同じものをさせます。

3　あらかじめ手順を示し、瞬時に学習作業を変えるようにする。

音読から計算、となれば、あらかじめ百ます計算のプリントは机の上に置いておくなど、読み終わればすぐに百ます計算に移るようにします。そうすることによって、集中のレベルが下がらないようにするのです。毎日取り組むことも大事です。一日おきに学習すればそれは忘れる時間を与えるということにほかなりません。昨日やったことを今日生かす、そして、今日やった成果を明日につなげる、よく子どもは飽きるのではないかと心配されますが違います。飽きるまでやらせるのです。子どもたちが一定のレベルに達した時、飽きるということが起きてくるからです。

4　よいモジュールをひとことで表すならそれは流れ作業。

「指導」というと、教師はとかく機械的になることを恐れ、何かしら余計なことを言いがちですが、子どもたちは集中して何かをやっていくことを心地よいと感じるものです。仮にほめ言葉であったとしても、学習作業中のそれは逆効果でしかありません。教師の言葉を極限まで減らすということ、これはモジュール授業に限らず、集中した授業のポイントですが、モジュール授業においては最も注意しなければいけないポイントです。

三①　モジュール授業の音読

モジュール授業での音読暗唱の教材には、「徹底反復音読プリント」（小学館）を使います。この本は、音読にふさわしい教材を厳選して掲載しています。

脳のはたらきを高める音読は、古典の音読が最も効果的です。このプリント集には、そうした実績のある文章を集めています。ただ、必ず質問されることがあります。それは「低学年の子に、内容が分かっていないまま読ませて意味があるのですか」ということです。それには意味があるのです。特に低学年の子は、内容ではなく文章のもっているリズムを好むのです。ですから、モジュール授業の教材は、よいリズムであることが絶対条件です。古来から伝わっている文章は、深い意味があると同時に優れたリズムがある文章です。意味があるというだけなら無限にあったでしょう。ただその中で現代に伝えられているものは、意味と同時にリズムがあり、そのリズムのよい文章を読むことによって自然に覚えてしまうということが起きてくるのです。これが重要なのです。

実際指導してみると分かりますが、論語は幼稚園児にも人気のある文章です。しかし幼稚園児が、なぜ論語を喜んで読んでいくのか。それは論語のもっているリズム感です。「子曰く」から始まる文章は、子どもたちにとって読むことが心地よく、その後さまざまに書かれている内容は広がっていくのですが、その一つ一つにリズムがあり、やがて意味がなんとなく分かっ

てくると、その文章が好きになってくるのです。

福岡県鞍手町立西川小学校の音読の授業を最初に見学したのは一年生の教室でした。いきなり「春はあけぼの」という枕草子の文章を子どもたちが堂々と朗読し、かつ完全に覚えてしまっていることに驚きました。続けて六年生を見ると、「蜘蛛の糸」の文章六百字程度を子どもたちは完ぺきに暗唱していました。

古典の音読をしていく中で決定的に重要なのは、暗唱してしまうことです。全校一斉の指導の中で、子どもたちは高校で習う古典を三十篇程度暗唱してしまっていたのです。

一方、子どもにも分かりやすく面白い詩などは、何度も繰り返し、音読させるということには意味がないように思います。というのはそうした文章は一度読んだだけで意味が分かってしまい、それを何度も繰り返す必要を子どもたちは感じません。すると、子どもにとって機械的に読まされるだけになります。それは、その詩のもっている魅力を損なうものになります。朗読のように読み味わう文章や声に出して日本的な基本的リズムを習得していく素読に使われる文章、また、教科書の文章などを声に出して読むということもいろいろな目的や、それに合う文章があります。でもモジュール授業では、そこに目的はありません。リズムよく音読する中で自然に暗唱してしまう。それが重要であり、徹底反復音読プリントを使う理由があるのです。

三②　朝のモジュール授業での音読指導のポイント

朝の音読指導は、かつて寺子屋で行われていた素読が土台となっています。言うなれば寺子屋の素読の授業を現代の学校に適するようにアレンジしているものがモジュール授業における音読です。暗唱は、できるようになることが望ましいですが、無理に覚えさせるのではなく、音読から自然に暗唱してしまうことが望ましいと思います。

具体的な進め方です。

①　まず、短く切って先生が手本を示し、子どもたちにそのあとをついて読ませます。いきなり長い文章から始めると先生も子どもも大変ですから、漢詩など短い文章から始めるのがよいと思います。

②　モジュール授業においては教師自身が腰をかがめ、子どもたちの口の高さに耳をもってきて、一人ひとりがきちんと言えているかどうかを確かめながら指導をしていきます。子どもたちが慣れてくると、子どもたちの出だしと終わりがぴったりと合って、その声がそろって来ます。子どもたちの声がそろって来たら、子どもたちは一人で読めるようになっているということなので、そこから徐々にスピードを上げていきます。口の形が崩れない

レベルにスピードを上げていき、みんながそろって早く読めるようにしていくというのがここでの目標です。

③　あとをついて読ませたら、五秒から十秒程度で読める文章を子どもと一緒にまとめて読んでいきます。この、一緒に読み始めているときから、子どもたちには「文章を見ずに言えるようにしましょう」、と言い、徐々に暗唱に導いていきます。これもスピードを少しずつ上げていきながら、ひとまとまりを一気に読めるようにしていくと自然に暗唱するようになります。

④　次は、子どもたちだけで一斉に読ませていきます。それを何回か繰り返す中で、子どもたち一人ひとりがきちんと言えているかどうかを確認しながら、全体指導の中でも子どもたちに小さな声や身振り手振りなどで個別指導を行っていきます。全体指導の中で個別の指導を行っていくというのは音読指導の中で最も重要。教師が傍観者となってぼんやりと全体を見ているようでは、ついてこれない子が生まれてしまいます。この全体指導の中での個別指導は決定的に重要です。これをしないことが落ちこぼれ現象をつくってしまうのです。

⑤　そして次は、一人ひとりに言わせてみるとよいでしょう。この時、暗唱できないところがあれば教師が援助するなどし、全員が暗唱できるように導いてあげることも有効です。

最近では朝のモジュール授業に、全校が全く同じ文章を音読暗唱させている学校があります。そうした学校では下級生が上級生のまねをしたり、休み時間や家庭学習でも兄弟や友達同士が協力し合うことによってより効果的効率的に暗唱ができていっているようです。

三③　竹の子読みはだめ

朝のモジュール授業で逆に絶対やってはいけないのが、一部の子だけを読ませるやり方、竹の子読みとか男子だけとかの指導です。そういう指導は、音読練習ではなく音読を休む練習になってしまいます。集中力が落ちるのです。音読は実際にやってみると分かりますが、多くのエネルギーを必要とするものです。数分の指導の中で、休むことなく一気に進めるというのがモジュール授業の音読です。

三④ 暗唱五秒ルール

よく「暗唱させることは必要ですか」と聞かれます。確かに暗唱というのは文を見て読む音読とは違い、かなりハードルの高いものです。しかしこの暗唱ができるようになってくると、子どもたちは難しい文章に出会っても臆することなく読み解こうとする構えができてきます。やはり暗唱にはチャレンジしてほしいのですが、そこで覚えておきたいのは五秒ルールです。大人たちが五秒で読める程度の文章は、多少音読の苦手な子であっても暗唱が可能になっていく一つの基準となるものです。もちろんさまざまな子がいますので画一的に当てはめて考える必要はありませんが、五秒程度で読める文章は、子どもたちに暗唱するよう指示しても大丈夫だと思います。

三⑤　教科学習の中での音読

音読は、国語に限らず基礎中の基礎の指導です。基礎中の基礎とは、最初に行うと効果的であり、また、やればやるほど効果が出てくるというものです。特に有効なのは社会科です。社会科の教科書をよどむことなくすらすら読めるということは、授業に入る前の段階で必要なことです。私は社会科については予習の宿題として音読を指導していました。

すらすら読めるかどうかは、授業にどの程度参加し得るかというレベルを決めるものです。ですから授業の最初に、全員読めているかどうかをよく確認していました。「三十人全員の音読を確認するのは難しい」と思われるかもしれませんが、発想を変えれば、実は簡単です。発想を変えるとはどういうことか。一人ひとり読ませる量を思いきり変えればよいのです。元々読む力のある子は、一行読んだだけでもちゃんと読めているかどうかが分かります。不安の残る子については、さらにもう一行読ませて練習をしているかどうかを確認します。元々読むのが苦手な子については、読むのが難しそうな部分を読ませ、どの程度練習をしているかを確認します。

音読は、練習さえすれば誰でも上手になるものです。ですから、きちんと予習させておくということは、学習に対する構えをつくるという点でも大変有効でした。

算数での音読は、公式などの解説や文章題の読解、あるいは算数の用語の記憶がポイントになってきます。これもすらすら読めるようにしておいた上で、読み終わったあと、内容についての質問をしてみると意識をもって読んでいるかどうかが分かります。

例を挙げると、「たろう君は百五十円のノートを買いに行きました。すると二割引きの安売りになっていました。ノートは何円になっていますか」。何の難しさもない単純な文章ですが、読み終わったあと教科書を伏せ、「ノートは元々何円でしたか？」「何割引きになっていますか？」という質問をします。ほとんどの子は、その程度であればすぐに答えることができますが、意識をせずに読んでいる子は、それが答えられません。声を出して読んだとしても、そこに意識が伴っていないからです。

簡単な質問があとでされると思えば、子どもはその数値を意識するようになってきます。計算が二段階、三段階必要になる文章については、内容を覚えておくことは、もっと大きな意味をもってきます。黒板で確認するというのもよいのですが、当然、テストのときはその文章を自分で理解し、その意味を考えながら解いていく必要があります。そういう点では、文章題の細かいところを質問するというのは、意味理解をさせる上で有効な学習になってきます。

同様に、公式の定義や単位の意味などは、あとあと自分で説明できるほどに読ませておくことが必要です。

三⑥　放送部出身者はよい教師になれる？

最近私が衝撃を受けたモジュール授業があります。それは若い女性の先生の指導だったのですが、十分少々の間、集中が一瞬たりとも途切れることなく、音読と百ます計算、そして漢字練習と盛りだくさんの内容を見事にこなしていく授業です。まず音読の指導が素晴らしい。先生がお手本を示すと、子どもたちはすぐにそのコツをつかみ音読をしていきます。短時間の指導の中でも子どもたちがみるみるうまくなっていくのが分かります。そしてその音読が終わるや否や、「では百ます計算」、と言っただけで子どもたちは計算の準備にかかり、「五、四、三、二、一」とカウントダウンしたあとの「はじめ」の先生の言葉で一斉に百ます計算が始まったのです。百ます計算でも大きく遅れている子はいませんでした。そして百ます計算が終わるや否や百個の答えを先生が言い、子どもたちはそれに合わせて自分の採点をしていきます。それが終われば漢字です。すでに何回か練習していることもあってか、すらすら漢字を書いていきます。

そしてすべての子が完ぺきに書き終えたのです。

私は隣にいた校長先生に、「あの若い先生は一体どこで修業をされたのですか」と聞きました。というのも、その学校には何度か行っていたのですが、初めて見る顔だったからです。返ってきた答えは全く想像していませんでした。「彼女は新卒なのです」と言われたのです。私は言っている意味が分からず、「いや、どこの学校から来られたのですか」と、あとから思えばとんちんかんなことを再度聞きました。「いえ、彼女は大学を出たばかりなのです」。

これほどまでに見事な授業を大学を出てすぐの教師ができるのだろうか、本当に衝撃的な言葉でした。それから私はなぜ彼女がそこまですごい指導ができたのか、その秘密を探りました。そして、私は彼女の口元に特徴があるのに気づきました。口角がしっかり動いているのです。私は校長先生に聞きました。「あの先生は大学時代に声を鍛えるサークルか何かをやっていませんでしたか？」、「確かコーラスをやっていたのでは」、とその時答えられたのですが、あとで分かったのはやはり放送部出身でした。

私も放送部出身なので分かるのですが、放送の発声トレーニングは、口の筋肉のトレーニングが最も特徴的です。明快に発するためには口の形をしっかりとさせることが重要であり、それは筋力トレーニングと言ってもいいほどのものなのです。改めてその先生の授業を見ていると一つ一つの言葉が明快であり、発した瞬間から理解される非常に聞きやすい声だったのです。

その後、私は大阪で吉本興業にいたこともあるという新任の先生とお会いしたのですが、その先生もいい音読の指導をしていました。「その発声は吉本で鍛えられたのかな」と思っていると、こちらも放送部出身でした。やはり放送の発声練習で鍛えられた声は、子どもたちを指導する上において非常に効果的なツールとなるものです。自分自身が放送局をめざし、毎日二時間近くの練習をしていたことも思い出すと、放送部出身者は学校の先生に向いているのかな、というふうにも思え、意外なところで自分自身のやってきたことに意味を見出すことができました。

四① 教科書通りの算数学習では伸びない

私は、今も多くの学校を回り、そこで初めて出会った子どもに授業をすることが多いのですが、近年は「この学年のこの教材で授業をしてほしい」という、かなり具体的なテーマで授業を依頼されることが増えてきました。

確かに見る側にとって、普段自分たちがやっている授業と私のやる授業を比べるというのは大変参考にも刺激にもなるものかもしれません。そうした時、私にはプレッシャーがかかるわけですが、中でも一番苦しむのは実は教科書なのです。

最近の教科書は「思考を促す」ということなのかもしれませんが、学習のやり方まで書かれていて、思うような授業をするのが難しく感じられることがあります。そこで私は教科書の最後の練習問題のページを見ながら、そこをゴール地点と見定め、指導方法と教材については自分で考えるようにしています。教科書をほとんど使うことなく授業を進めるということについて驚く人も多いのですが、決して一切使わないということではなく、音読させたり、あとから問題集として活用させたり、あるいは違う考え方を知る学習の教材として使うこともあります。指導要領は学習のガイドライン、教科書は学習のパンフレット、そしてその示すところを理解しその目標が達成できればよし、と考えるようにするのです。

四② さくらんぼ計算の前に十ます計算

「子どもの学習の到達レベルは、一年生の学習の在り方で決まってくる」。近年あちこちの学校の様子や、自分自身の元に寄せられるデータを見ながら、強くそう思うようになってきました。

　小学校に入学して来た時の学力のレベルは、小学校を卒業する時のレベルと随分異なっていますが、小学校三年生で定まってきた順位は、小学校六年生の順位とほぼ似通ったものになってきます。つまり低学年でかなりの部分が決まってくるのです。中でもその大きな分かれ目になるのが、算数では繰り上がり・繰り下がりの学習です。

　いろいろな教科書を見ますが、私は教科書通りでは、この繰り上がり・繰り下がりがきちんと定着することは難しいと思います。なぜかというと、繰り上がり・繰り下がりの理屈は何とか子どもたちでも理解はするのですが、実際の計算自体は子どもにとっては困難なものです。

　結局、繰り上がり・繰り下がりにおいて重要なのは、その式と答えを完全に暗記してしまい、実際の計算で使えるということです。ほぼ完全にできるようになった状態、それは百ます計算が二分以内でできるということです。ですから小学校一年生でも百ます計算二分以内をめざすことはその意味が大きく、百通りの式と答えを暗記できるということは、二年生で九九を習得していく上で、大きな能力の土台となってきます。

四③ 計算指導のポイント

算数学習において計算力はその中核的な学力です。「計算ばかりでは文章題はできない」という主張から計算を軽視する風潮がありますが、実際に算数の問題を解いていくときには計算をするわけで、この計算力が高まっているということは算数学力向上の前提条件と言っていいでしょう。

四④ ポイントは一年生の学習

子どもたちの計算力の向上の様子を見ていくと、実は決定的に重要なのは一年生の学習であることが分かります。具体的には、繰り上がり・繰り下がりが瞬時に処理できること、ここに尽きます。しかし多くの場合、繰り上がり・繰り下がりは理解されたところで終わってしまい、瞬時に計算できるところまで高められることはあまりありません。

実際に一年生でも百ます計算の指導を導入し、その計算力を伸ばしておくと二年生でも九九の習得が速くなります。それは百個の式と答えの組み合わせを暗記してしまう能力が、一年生であっても身につけることは可能だと思われるからです。ですから一年生においても百ます計算の目標タイムを二分とし、そこに向けて指導していくということが決定的に重要になってきます。

しかし、ここで大きな問題があります。それは教科書において繰り上がりの指導などはさくらんぼ計算というものが多く使われていることです。これは子どもにとって理解しづらく、時々「なぜこのような回りくどい指導をするのか」と保護者から声が上がるほどです。でも教科書にある以上指導しなければなりません。ではどうすればいいでしょうか。それは、さくらんぼ計算に入る前に十ます計算を使い、子どもを指導していくことです。

1　＋0の十ます計算。＋0の十ますを二、三度繰り返します。

＋0の十ます計算は上の数字を下に書けばいいだけなので、どんな苦手な子でもできます。しかもコツはすぐつかめるので二回目三回目と、急激に速くなります。「そんなこと当たり前で意味がない」、と思われるかもしれませんが、実は違います。速くするという意識の中で速くなっていくということは、集中力がついてくるということなのです。

2　次は＋1の十ます計算を上の並びの数字を変えながら10秒少々でできるように繰り返します。上の枠の数より一つ大きい数を書けばいいだけなのですが、一年生にとってはそれだけでもハードルは一気に高くなってきます。＋0の時と違い二、三回繰り返した程度では意外にタイムは上がってきませんし、途中でつまってしまうこともあります。ですから粘り強くこれが速くなるように指導をしていくことです。

　学級全体でやるときに極端に遅い子がいるかもしれませんが、一番遅い子でも二十秒を切るところくらいまでは繰り返し練習させるといいでしょう。この＋1の十ます計算では9を足すとき答えが10となって繰り上がります。繰り上がるということをここで意識させましょう。

3　多くの子が＋1で十数秒になってくればそこで＋2に移ります。

　＋2になるとますますハードルは上がり、簡単に十秒くらいでできる子はそう多くはありません。しかし、多くの子が二十秒は切れるように毎日繰り返していきます。三の段や四の段に無理に進むことはせず、ここでタイムが上がるように十分繰り返すことが大切です。この時＋8のところでは答えが10に、＋9では答えが11というように、繰り上がりの式と答えを暗記することになります。ここも瞬時に答えられるように練習しておくことが大切です。

4　この後3から9まで順番に繰り返していきます。

十ます計算の力を蓄えるには、小学校一年生ではかなりの時間を必要とします。ですから教科書学習とは別に、二学期に入ったあたりから順番に練習をしていくようにします。そして、それぞれの段が十秒から二十秒の間で多くの子ができるようになれば、0の段から四の段までの五十ます計算、これを二分以内にできるように練習させるといいでしょう。

一気に百ます計算に入ってしまうとハードルが高すぎ、速くできる子とできない子の差が大きく、無駄な時間になってしまうこともあるので、まずは五十ます計算を百ます計算の前に指導するといいでしょう。そして、それができるようになれば五の段から九の段までの五十ます計算を練習させ、ここでも多くの子が二分以内になるように指導していきます。

5　多くの子が五十ます計算を二分前後でできるようになったら百ます計算に移行するとよいと思います。

こうして百ます計算を先行させ、繰り上がりの式と答えが暗記できた状態で、今度は教科書で学習し、その仕組みを指導すれば、子どもたちは苦もなくその意味を理解し、繰り上がりで困ることはなくなっているはずです。

一方、ランダムに計算をやっていく計算カードの学習がよく指導されていますが、これは８＋６のあとに７＋５の計算をしていくように、バラバラに計算をしていくことになり、子どもにとっては非常にハードルが高いのです。また、一気に多くのカードをこなすことも難しいのです。かといって、減らしてしまうと練習しない計算も出てきてしまいますから、ハードルが高い割にその効果は意外に薄く、計算が苦手な子をつくってしまうことになりがちです。

十ます計算の場合はそこに規則性があります。例えば六の段であれば６＋３は繰り上がらずにすぐに答えられますが、６＋７のような場合は7から6の補数を引いた3が1の位に出てくるように、繰り上がった場合は補数を引くという規則性に子どもたちは気がつき、計算練習の効率を高めていくことができるのです。私は低学年における十ます計算というのは最も重要な学習であると思います。

同様に、繰り下がりのある計算についても十ます計算を使いながら引く0から順番にやっていくと効果的だと思います。多くの学校で実践をしてもらっていると、一年生で百ます計算二分以内を全員達成というのは難しいものです。しかし、学校ぐるみの実践にすることにより、実践を二年生に引き継ぐことができれば、二年生の段階ではほぼすべての子どもに二分を切らせるということが可能になってきます。

それを証明するデータが次の表です。これは岡山県高梁市立有漢西小学校の低学年の百ます計算の指導記録です。これは集団は違うので厳密なものではありませんが、一年生では全員が二分以内を達成するのは難しいのですが、二年生になれば達成できる可能性を感じさせてくれるデータです。まさしく学校ぐるみの必要性を感じさせてくれるデータでもあります。

1年生　百マスたしざんの伸び

		11月初め		12月終わり	タイムの伸び
1		4:32	⇨	3:00	1:32up!
2		4:57	⇨	3:28	1:21up!
3		3:36	⇨	1:49	1:47up!
4		2:49	⇨	1:35	1:14up!
5		7:10	⇨	4:48	2:22up!
6		6:23	⇨	4:32	1:51up!
7		4:04	⇨	1:58	2:06up!
8		4:18	⇨	2:15	2:03up!

2年生　百マスかけ算の伸び

	11月初め	12月終わり	タイムの伸び
1	3:00	1:28	1:32up!
2	2:24	1:16	1:08up!
3	3:00	1:18	1:42up!
4	3:00	1:25	1:35up!
5	3:00	1:31	1:29up!
6	2:44	1:36	1:08up!
7	2:23	1:06	1:17up!
8	3:00	1:57	1:03up!
9	3:00	1:48	1:12up!

四⑤ 効果的な百ます計算の練習法

百ます計算を練習するときの効果的な学習方法について解説します。

1　毎日同じ百ます計算を使うこと

十ます計算の練習を重ね、百ます計算もある程度できるようになれば、いよいよタイムを短縮するべく練習をしていくことになります。また、中学年以降ではいきなり百ます計算をさせるということもそう難しいことではありません。けれども、百ます計算の指導の初期においては、必ず同じ百ます計算を練習させることが必要です。毎日同じ百ます計算をすることにより、子どもは安心して取り組むことができ、基本的にはタイムは上がりやすく、特に練習開始当初はみるみるタイムが短縮されていきます。よく「それでは式と答えを丸暗記させるだけではないか」という批判を聞くのですが、それは九九と同じ理由です。九九はかけ算の手順をリズムよく丸暗記させていきます。実は多くの計算はそうした基礎的な計算の組み合わせですから、それが瞬時にできるようになるためには、たし算ひき算の百ます計算のタイムを二分以内にすることが重要になります。

2　よーいドンのかけ声を大切に

百ます計算の指導を見ていると、気合いの入らないかけ声でスタートさせたり、子どもたちのやる気が十分みなぎっていない形でスタートさせたり、集中しない計算になるのをそのままにしたりしている指導がしばしば見られます。

百ます計算は計算を通じ集中していく練習です。スタートの号令をかけるときには、一通り子どもたちの様子を確認し、一斉にスタートさせることがとても重要です。このかけ声一つで子どもたちの集中はまるで違うものになってきます。

3　百ます計算は飛ばすことなく順番に左から右にやっていく

百ます計算をやるとき、縦方向にやらせている学級や、飛ばし飛ばしに書いているのをそのままにしている学級があります。こんなところで子どもの個性を尊重する必要はありません。子どもたちにとって課題となるますは何か所か決まっています。そこを意識するためにも順番にやっていき、ポイントとなるところを集中的に意識しながらタイムを上げていく、それが重要です。間違った場合は斜線で消し、横に書かせるなど、消しゴムを使わせる必要はありません。また、あまりに汚い字や枠をはみ出るものについては個別に指導する必要があるでしょう。こうして子どもたちの集中が適切に高まっているかどうかを確認する意味でも教師はストップウォッチで計測しながら、机間巡視をしながら、個別に指導していってください。

4　子どもの集中に教師が報いる

子どもたちの計算が終わった時、「はい」とか「できました」とか言わせますが、このときタイムは教師が必ず瞬時に言ってあげてください。ここも子どもたちの集中に報いるような言い方で言うことが、小さな配慮ではあっても大きくその結果は違ってきます。

絶対にやってはいけないのは、電子黒板などにストップウォッチを映し、できたら子どもたちが無言で記録を自分で書いていくことです。これでは、うそを書いても教師には分かりませんから、子どもにとっては集中ができない学習になってしまいます。

そして、タイムが分かれば自分のカードに記入させていく先生が多いのですが、私のおすすめは百ます計算終了後、全員にそのタイムを言わせて教師が名簿にその記録を書き取っていくことです。

なぜなら、そのことにより子どもたちはより自分のタイムに対する意識が上がりますし、教師は手元の記録との比較から、その変化をすぐに評価してあげることができるからです。

「すごいね、昨日より一気に二十秒上がっているよ」

「今日はちょっと惜しかったね、明日頑張ろう」

このような、ほんのひとこと声をかけるだけで翌日の子どもたちの百ます計算への意欲はまるで違ったものになっていきます。わずかの時間余分にかかることになりますが、その効果は大きいのです。

ただ、高学年になり、友達に自分のタイムを聞かれるのがいやだ、というような場合にはそうしないということもあってよいと思います。記録の仕方一つも子どもの発達段階や状況によって変えると、より効果的な指導になっていくのです。

5

百ます計算は同じ時間帯に、できれば毎日やるのが望ましいです。例えば週五日、学校で二回、家庭で宿題として二回程度やっていけば、経験のない子たちだと約二週間でタイムは半分近くまで短縮していくものです。私は年度の初めにこの百ます計算の指導を行い、この短期間の向上を子どもたちに自覚させ、一年間の算数学習に対する自信と意欲をもたせるよう指導していました。

ただ、短期間に向上するということは、一年間ずっと百ます計算をする意味はあまりないということでもあります。ですから高学年を担任することが多かった私の場合、百ます計算の指導は意外に短期間だけのことが多かったのです。ここでも子どもの実態に応じて、百ます計算の内容ややり方を工夫するということが必要です。

四⑥ 百割計算の指導

わり算は三年生の学習ですが、ここで算数を苦手とする子が一気に目立ってきます。それは、わり算の学習が難しいからではありません。事実、わり切れる計算の場合は九九の逆の計算になるので、練習すればすぐできるようになるものです。

問題は、余りのある計算をするようになったときです。適切な商を立て、ひき算をしなければなりません。この時、百ますかけ算、百ますひき算のタイムが二分を大幅に超えて時間がかかる状況では、余りを出す理屈は分かっても実際の計算がやりづらく、分かっていてもできないという状態に陥り、それが根深い算数苦手の意識につながってくるからです。

中でも余りを出すひき算は、繰り下がりを苦手とする子どもにとっては難行苦行であり、しかも見た目には繰り下がるかどうかが分かりにくいこともあり、繰り下がりのひき算を伴う計算をしなければいけないわり算は、地雷のように子どもの算数苦手を生み出していくのです。

この繰り下がりを伴うひき算によって余りを出す「二桁÷一桁の計算」、これをかた分けするなかで抽出されたのが、西宮市で教師をされていた三木俊一先生です。奇しくもこの種類のわり算はちょうど百個あります。ですから百ます計算のようにこの百個のわり算の式と答えを丸暗記することは、子どもたちのわり算苦手を一気に解消していくことになります。

また、このわり算は習熟してくると脳の働きが高度になっていくのか、わり算とは関係のない学習においても、子どもの学力や成績が上がってくるので、この計算の習熟を算数学習の中で私は最も重視していました。今ではその計算は「百割」と呼ばれ、広まってきています。

これは三木先生の偉大な業績と言っていいと思います。この百割については、÷2の場合、余りは1しかありませんし、÷3の場合は1と2しかありません。このようにわる数の小さいものから順に習熟させる方法もありますし、百ます計算のたす、ひく、かけるが二分を切っていれば、いきなりこの百割に挑戦し、二か月、三か月、半年と練習し、タイムを上げていくこともいいと思います。百割はとりあえず五分以内、できれば二分以内というのが大きな目標となってきます。

四⑦　ひっ算指導のポイント

百ます計算が二分以内にできるようになれば、ひっ算の学習においてつまずくことはかなり減らすことができますが、意外に十分ではありません。

なぜならば、繰り上がりや繰り下がり、あるいはかけ算やわり算の計算の手順については十分に習熟しなければいけないので、それぞれ独自の課題があります。

1　定規を使い位取りを明確にする

中学受験など、高度なひっ算を連続させるような場合、ひっ算の線を書かなくていいという指導が一般的になされています。それはそうなのですが、一方、ひっ算の導入時や苦手とする子の場合は数字も汚く、位取りが崩れがちなのでその書き方のまずさから間違う場合が増えてきます。そうした点で「ひっ算の線は定規で引く」ということを導入時には指導すべきと私は考えています。

その時重要なのが使用する定規です。一般的に二十センチ近い定規は細長すぎて扱いづらく、安定しません。そこで私は、分度器を絶えず左手に持たせながら、瞬時に線を引くという癖をつけるよう練習させていました。そうすることで手間はそれほどかからずに、きちんときれいなひっ算が書けるからです。

2　補助数はすぐにやめる

たし算、ひき算のひっ算の場合、繰り上がりや繰り下がりの数を補助で小さく書くということがよく指導されています。それ自体、仕組みを理解させることには有効ですが、百ます計算に習熟してくれれば、意外に短期間にその補助数なしで計算できるようになるものです。

百ます計算的な力を伸ばさないと間違いが増えるものですから、ずっと補助数を書かせるという指導がよくあります。けれどこれは絶対に避けなければいけません。なぜなら、かけ算やわり算の時に補助数をたくさん書いていれば、むしろ間違いは増えてしまうからです。

補助数を書くのは初期段階だけとし、ある程度練習が進めば、書かないでおくことを推奨してあげてください。意外に子どもはスムーズにそれを習得し、また、余分な数が消えることで計算ミスもむしろ減ってくるようになるからです。

四⑧　意外な盲点

大人が考えると簡単、子どもたちにとって非常に困難、という教材が算数にはいくつかあります。なぜそういうことが起きてくるかというと、子どもたちは生活経験が大人ほど豊富ではなく、単純なことであっても理解が難しいのです。

私たちでも、分野の違うことであればその専門の人にとって簡単なことでも習得に苦労し、習得してから、なぜこんなことに悩んだのか不思議に思うことがあります。実はそういうことが算数には多くあるのです。

小学校の低学年で、できる子でも意外につまずくのが時刻の読み取りと時間の計算です。子どもたちが時間の読み取りを苦手とするのは、時間を意識した生活があまりないからです。毎日の生活の中で、やるべきことは大体時間が決まっていて、あえて時刻を意識することはないからです。

また、高学年になると速さの学習が出てきますが、この学習が意外にも困難である一つの理由は、時間に対する意識や理解が弱いことです。

その点では、私は子どもたちが腕時計を身に着け、時間を意識するということを推奨しています。また、学習は繰り返し説明している通り、一定時間当たりの作業量ですから、集中力を高めていく学習にとって時間の読み取りや意識づけは、絶対に必要なことです。

最近は幼児向けの時計も安く売られており、身に着けさせることはそれほど困難ではなくなっています。幼児の時代から時計を使い、時間を意識させることは大きなポイントになってくると思います。

四⑨ 大きな数、およその数、十倍、百倍、十分の一、百分の一

これらも大人には簡単、子どもには難しいという教材です、その理由も単純で、大きな数を生活の中で扱うことが少ないからです。

小学生にとって千円というのは大金であり、同様に、数の大きさとして意識するのは千の位までというのが一般的です。

その点で重要なのは、千以上の万や億までの読み取りや意識づけを行うことです。これらは中学年で学習しますが、大きな数の読み取りや、記述法をしっかり学習することが重要です。その上で位取りを意識し、十倍、百倍となれば数の一番右に0が増え、十倍、百倍と表記されていくこと、逆に一の位の右横に実は書かれていなくても小数点があることを意識し、その小数点が左に移っていくということを機械的に練習するということが、意外に理解を速めることになっていきます。

数的なものを機械的な操作によって理解させるということは、意外に避けられていますが、実はそうした機械的な操作を繰り返すことによって、位取りというものの仕組みを子どもたちは理解することが容易になっていくのです。ですから十倍、百倍あるいは十分の一倍、百分の一倍、というような練習問題を何十問と並べ、機械的に操作することによって、その感覚を身につけていくことは、子どもたちの理解を高めることにつながります。機械的な操作ゆえに理解が深まるということも知っておくと、いろいろな場面で活用できると思います。

四⑩ 四捨五入の仕方

四捨五入も子どもにとって間違えやすい問題です。間違えやすい第一の理由は、「千の位の四捨五入」と、位によって四捨五入するタイプと、「上から二桁」と、上からの桁数で問う問題の二種類が存在するからです。

まず、「千の位で四捨五入」する場合、右から三つ目と四つ目の間に線を引き、その線の右の数つまり百の位が5から9であるのなら線の左にある数、つまり千の位を一上げる、0から

４の場合はそのままにしておく、そしていずれも線の横の数値を全部０に変えてしまう。こうして機械的な手順に落とし込み、その練習を繰り返すことによって定着していきます。上からの位取りの場合、「上から二桁」という場合は、左から二つ目と三つ目の間に線を入れ、線の右にある数字が５から９であるならば線の左の数値を一つ上にあげ、０から４の場合はそのままにしておく、こうして千から右の数値を全部０に入れ替えることによって四捨五入はできていきます。

子どもにとって四捨五入が難しい教材になりがちなのは、こうした作業手順が子どもたちに説明されていないからです。教科書にはこうした手順の記述はなく、その意義だけをもとにして四捨五入をさせようとしていますが、この位取りというのは子どもたちにとって生活の中で使われることが少ないだけに、手順に落とし込んで練習させるということは有効な指導となってくるのです。

十倍や百倍の指導についても、一つの数値を十倍、百倍、また十分の一、百分の一、と練習問題をやっていくようにし、その結果、「０が増える」「小数点が移動する」という手順に落とし込むことによって理解は可能になってきます。こうして手順に落とし込んでまずはできるようにした上で、その意義を理解させる。これは非常に有効な指導なのですが、よく批判されます。その理由は、「理解したのちにできるようにしなければならない」という、あるべき考え方というのが存在するからでしょう。

　しかし、そこには子どもたちが手順は理解できても生活経験の乏しさから本質が理解しづらいという重要なポイントが抜け落ちています。逆にできるようになってくれば、その意義を理解できるようになってくるものです。できる状態から分かる状態にもっていく、この逆方向にもっていくやり方も、子どもたちの苦手を克服する有効な手立てとなるのです。

五① 書き取り練習で漢字は覚えられなくなる

「書き取り練習で漢字が覚えられなくなる」と言うと、疑問に思われる方ばかりでしょうが、実は私の実感です。事実、漢字の覚え方を変えるだけで漢字は簡単に、確実に覚えられ、さらに作文など、文章を書くときに使えるようになっていきます。

　一体どういうことでしょうか。

　一般に漢字は、国語の一つの単元に合わせて最初に新出漢字の指導を行い、書き取り練習と漢字テストで覚えていきます。しかし、それで覚えられない子は多く、左上のグラフにあるよ

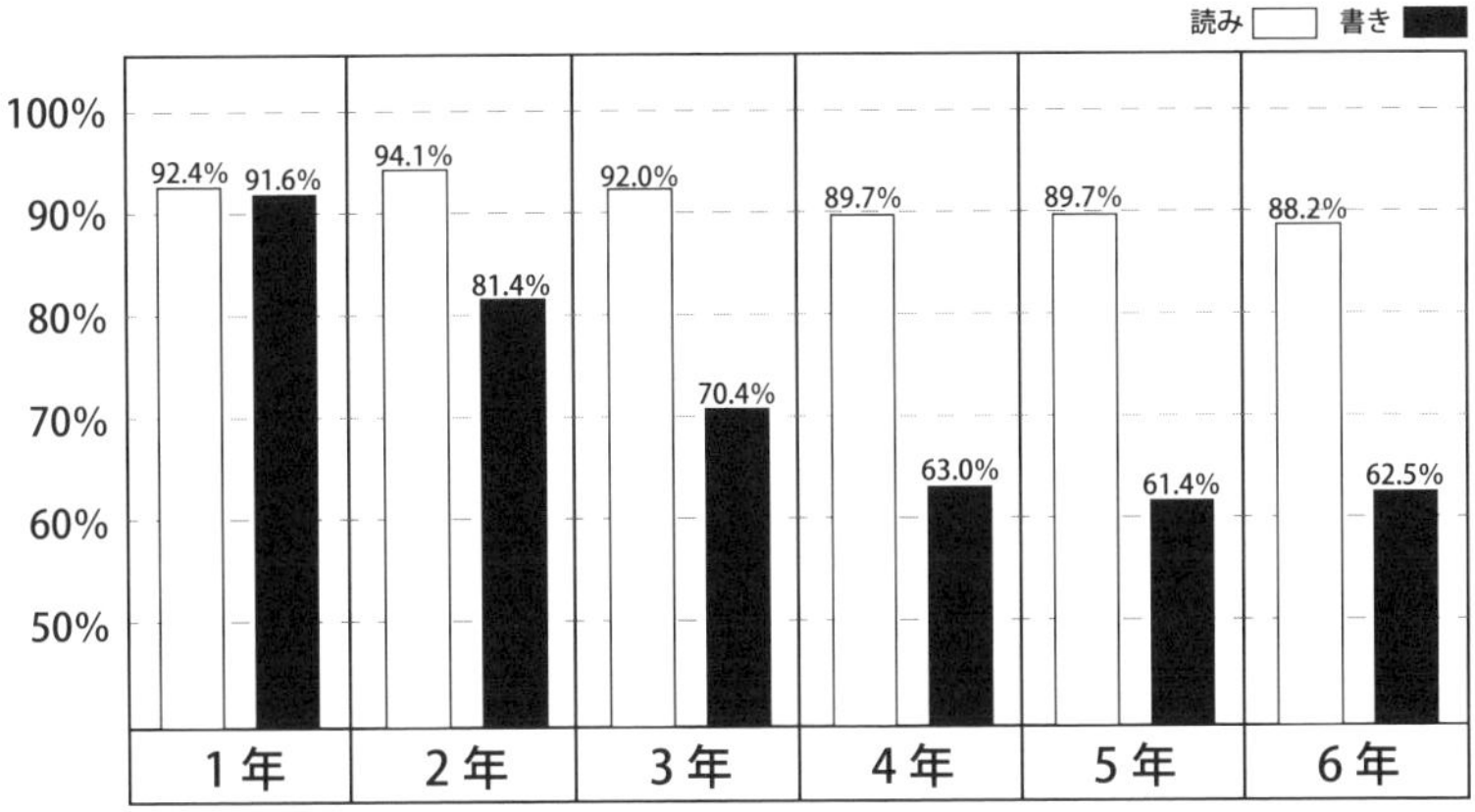

中高学年の漢字正答率は6割

うに全国的な平均で見ると、小学校の四年生以上では六割程度しか覚えられていないというのがむしろ普通なのです。理由は簡単です。一度漢字を覚えたとしても、それ以降反復して練習することがなく、単元での漢字テストが終わってしまえば、そこで子どもは忘れてしまうからです。

また、子どもは最初に指導されたとき書き順などを先生から教わりますが、実は自分で書くときには、最初から間違っていることが多いものです。何十人もを一斉に書かせる中ではそのチェックはできず、最初に間違って書いてしまうと、その後修正されることはほぼありません。そして、誤った書き順が定着してしまうのです。

また、宿題で書き取りをし、翌日テストということになれば、宿題で練習をすればいいと思ってしまい、最初の指導をきちんと受け取らない子が多くいます。当然翌日テストをしても覚えているはずはありませんから、漢字テストではまともに書けません。そしてそれが続いてしまうのです。恐ろしいのは、こうした指導は全国で圧倒的多数であり、私からすれば覚えられない漢字指導が全国的に行われており、その結果子どもたちは、漢字を覚えるということを習得しないまま、漢字を覚えるということそのものができなくなってしまいます。

多くの人は、「一年間に覚えなくてはいけない漢字が多すぎる」と言います。

しかし、よく考えてください、一年間に覚える漢字は多くて二百字、一日一文字覚えても百日以上の余裕があり、二百字という漢字の数は原稿用紙半分でしかありません。実は覚えられないことこそが異常なのです。

では、どうしたらいいのか、それを解説していきます。

五② 漢字は一時期にまとめて覚える

漢字は一時期にまとめて教える。そして、あとはその繰り返しで忘れないように練習していく。これが私の漢字指導の大原則です。実際に、ある小学校で実験的にやってみました。十二月段階では、多くの学級がまともに漢字を覚えていません。そこで二学期中に一年分をまとめて教え、二月初旬まで練習すれば、全学級とも平均正答率は九割を超えました。

ほとんどの人は、「二十文字程度の漢字を覚えることすら難しいのに、一年分の漢字を一度に教えてしまうということはありえない」という反応をします。

でも、一年分の漢字を九割以上書けるのが普通であった私の指導からすると、その反応はむしろ異常です。

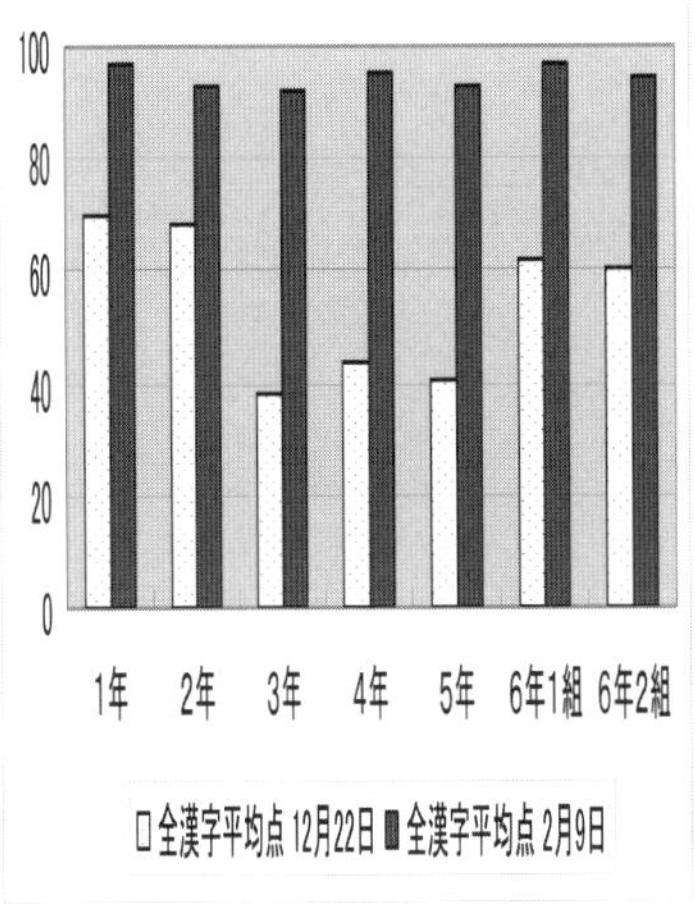

例えば二百字の漢字を毎日書き、百日続けたとします。多いと思う漢字もたかが原稿用紙半分です。お手本を見ながら書くことは、それほど多くの時間を必要とするものではありません。

そうして、百日毎日書いて覚えられないということがあるでしょうか。実は簡単に覚えられるのです。その方法は、教材と一体化することによって簡単に達成できます。「〇年の全漢字練習」（日本標準）に即して解説します。

1　まず音読プリントにより、その日学習する漢字の使われた文章を読ませます。

この時、「読むだけでも覚えられるだけ覚えましょう」と指示をします。ほとんどの漢字はいくつかのパーツの組み合わせなので、部首などそのパーツを意識すれば意外に子どもは覚えるものです。

2　一文字ずつ練習をしていきます。

まず最初に、書き順の手本を見ながら指先で十秒程度空《そら》書きをしていきます。この時、スピードが速くなるよう、十秒程度時間を与え練習します。鉛筆でなく指先で書くというのはスピードを上げるところにポイントがあります。集中は、スピード感と表裏一体の関係にあるからです。

次に、子どもたちを二組に分け、書き順を意識しながら書き写しをしていきます。この時、制限時間は画数や慣れにもよりますが三秒から七秒程度とします。そして、もう一方の子はその書き順が正しいかを見ながらチェックし、間違っていればそこを指摘します。なぜなら、最初の一回目、鉛筆を使って書く時こそ、子どもたちが漢字を最も覚えやすい瞬間だからです。

そして、次は交代してもう一方の子が鉛筆でなぞり、もう一方がチェックをしていきます。そしてこの時も、制限時間は、ひとつの漢字を五秒を標準に三秒から七秒とします。

七秒以上かかった場合はどう考えればいいでしょうか。これは非常に重要なのですが、長くかかって書いたものは覚えていないと評価します。さっと書けないものは、その時書けても次に書けるかというと、かなり怪しくなるからです。さっと書けたものだけを書けたとして練習させることが大切なのです。

3

次に、下の空白に一人ひとりがおさらいの意味で漢字を書いていきます。

この時も制限時間は五秒を標準に三秒から七秒としていきます。そうやって、音読した一文の文章に出てくる漢字を学習していきます。教師は子どもたちの学習の様子を観察しながら、テンポよく進めていくことに集中します。教師が例を示すような空書きはしなくてかまいません。なぜなら教師の空書きは覚えない子どもにとって通過儀礼のようなもので、何の学習効果もないからです。

こうして、音読した一文の漢字が学習できれば、習った漢字を覚えるようノートなどに書いて練習をしていきます。その時間も三十秒か、長くて一分、それ以上の時間は無駄です。時間を与えることは集中力をそいでしまうからです。

4

次にまとめのテストをします。

ここでも重要なのは制限時間で、一文字あたり三秒から七秒程度で計算し、そこに少しの余裕を数秒程度与え、制限時間とします。

4年

音読プリント ①

なまえ

◆ つぎの文を読みましょう。　★太い字の読み方は、前のページを見てた…

ユニット1

① 宮城県にある有名な城の周辺を案内してもらう。
② 茨城県には、梅の花の名所が多い。
③ 群馬《ま》県と栃木県でとれた野菜が送られてくる。
④ 埼玉県を流れる川の岸辺には、たくさんの菜の花がさい…
⑤ 神奈川県の港に、大きな貨物船がとまっている。
⑥ 新《にい》潟県は、米の生産量が多い。

ユニット2

⑦ 山梨県は、ぶどうなどの果実が豊《ほう》富にとれる。
⑧ 福井県には、きょうりゅうの博物館がある。
⑨ 富山県にある、日本で最も大きなダムの辺りを散歩する…
⑩ 岐阜県から三重《え》県までバスに乗って出かけて、こづかい…
⑪ 静岡県の漁港に、大漁旗をつけた船が帰ってくる。
⑫ 滋賀県には、日本で最大の湖がある。

①すらすら読めるまで繰り返して読み、できる限りそれだけで漢字の形を覚える。(1 文 3 秒以内)

全漢字練習 (日本標準)　音読プリント

ユニット 1

練習プリント

◆ 漢字の読み方や筆順をおぼえましょう。

読み方	城 ジョウ しろ	周 シュウ まわり	辺 ヘン あたり べ	案 アン	茨 いばら	梅 バイ うめ	群 グン	栃 とち	菜 サイ な	埼 さい
練習（画数・部首）	9画 城 つちへん	8画 周 くち	5画 辺 しんにょう	10画 案 き	9画 茨 くさかんむり	10画 梅 きへん	13画 群 ひつじ	9画 栃 きへん	11画 菜 くさかんむり	11画 埼 つちへん

②手本を見ながらよどみなく書けるよう指で 10 秒程度空書きをして、書き順を覚える。
③子どもを 2 組に分け、一方が 3 ～ 7 秒でなぞるように書き、もう一方の子が書き順をチェックする。その後、交代。
④全員で、3 ～ 7 秒以内に下の段に清書する。

練習プリント

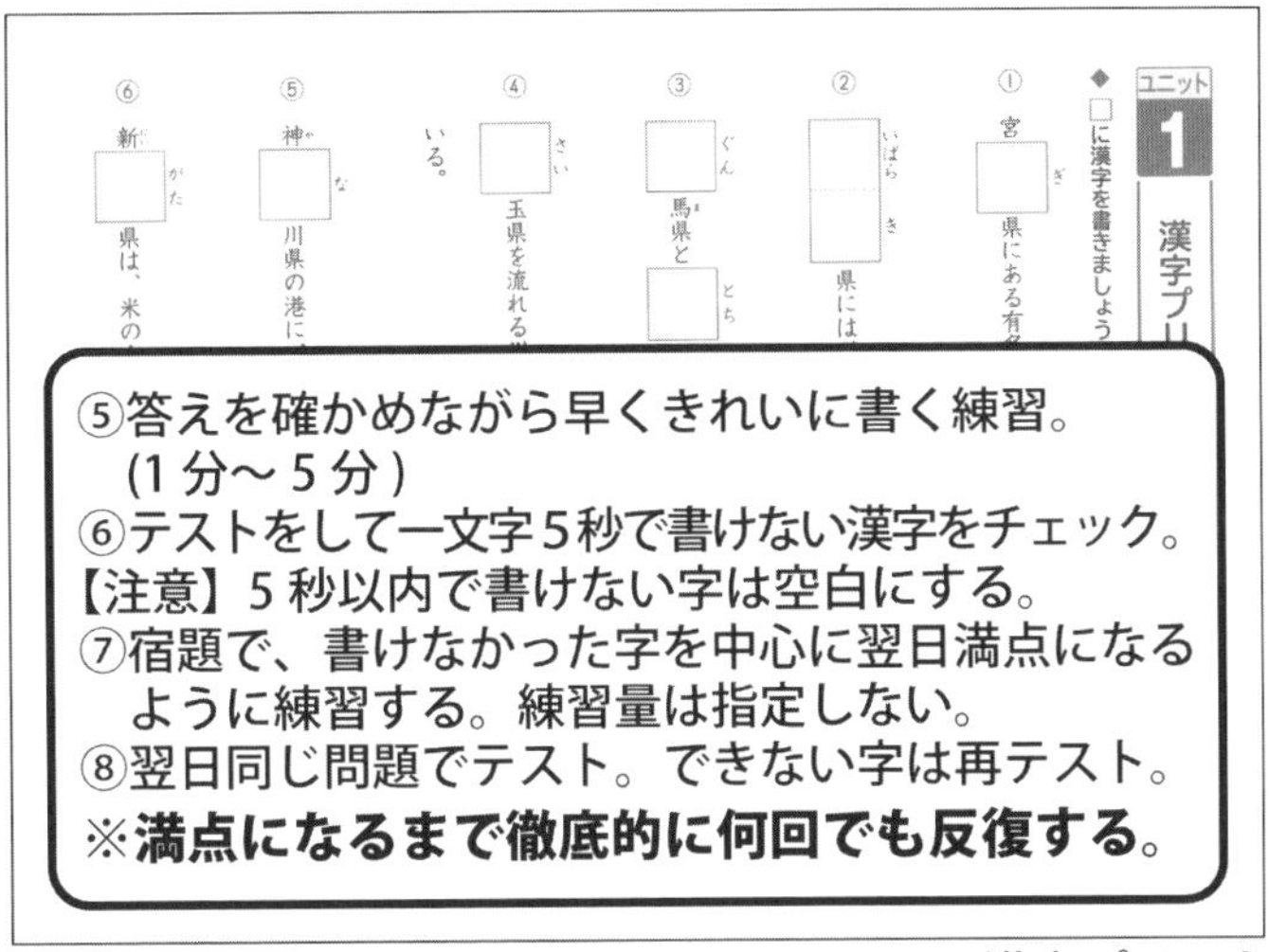

漢字プリント

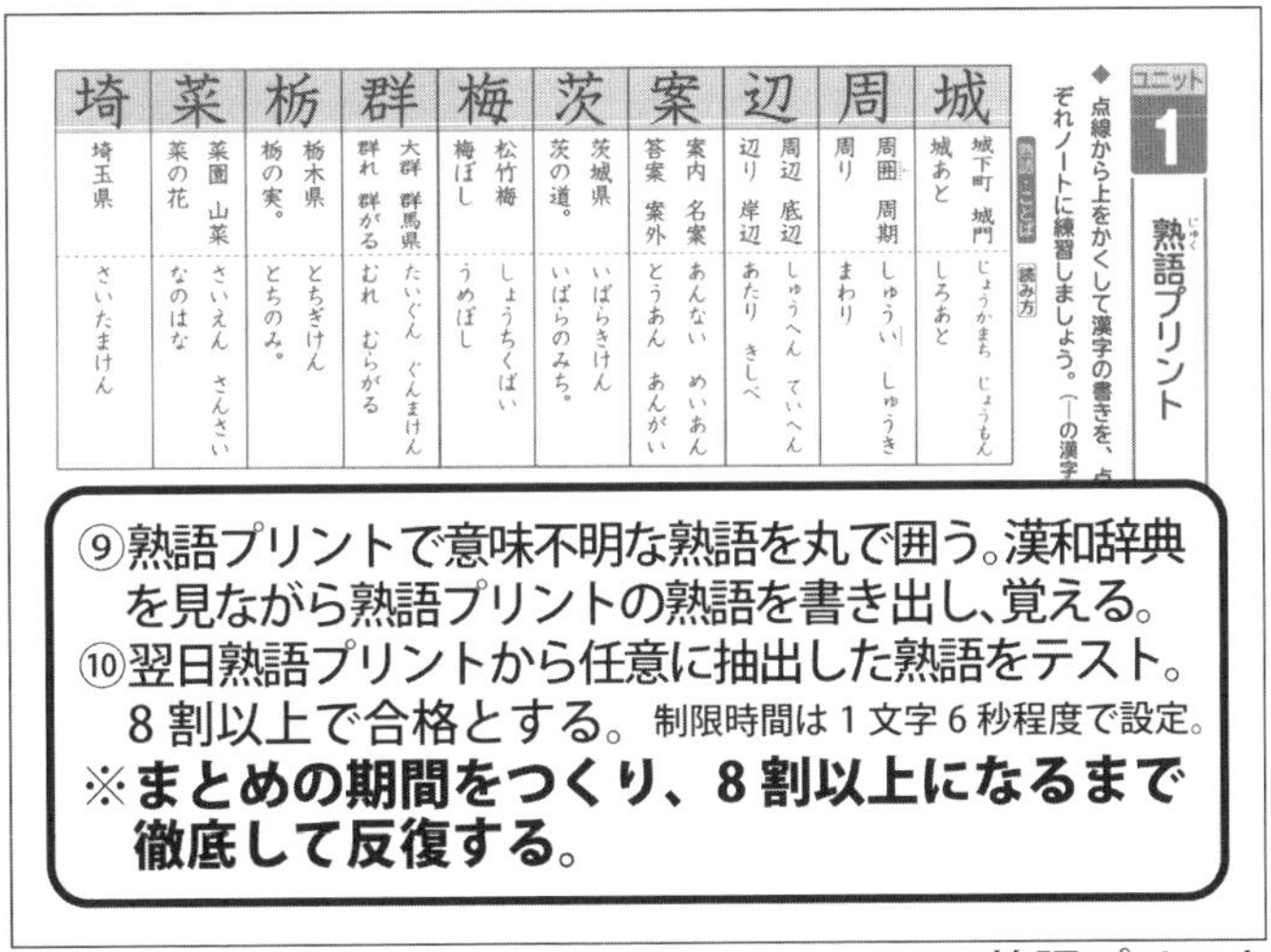

熟語プリント

ここで、制限時間内に書けなかったものは覚えていないものとし、空白のまま次の漢字を書かせるようにします。そして、その空白こそが、その日宿題で学習すべき漢字であり、家庭で練習させます。ですから満点の場合はほぼ練習しなくてもよいことになります。ただ一回程度書くくらいの課題は与えてもよいでしょう。しかし、間違っても書く回数を指定して書かせることは絶対にやってはいけません。なぜならば回数を決めたとたんに子どもたちは覚えるよりも回数を書くことに集中してしまい、いくら書いても覚えないからです。

こうして、学習する時間に合わせ一文から数文、練習を進めていくとよいでしょう。こうして、機械的に学習するようになっていけば、子どもたちは家庭においても自主的に学習するようになっていきます。すると二百字の漢字といえども、早ければ一か月、長くても三か月で新出漢字の指導は終わります。

5　ユニットごとにテストプリントを反復、練習、そしてテストしていきます。

ここではすべての漢字を覚えなければいけませんから完全に満点で合格するまで繰り返します。

一つ目のポイントは、覚えている漢字と覚えていない漢字を、子ども自らに意識をさせて練習することです。

この二つのプロセスを夏休み前に終えて、十のユニットの漢字テストで満点を取ることを夏休みの宿題にしておけば、頑張った子どもにとって宿題はどんどん減っていくことになるので、子どもたちは自主的に、前のめりに取り組んでいくことになると思います。

五③　熟語指導は語彙指導

ここまでのプロセスで、新しい漢字はほぼ間違いなく書けるようになり、多くの教師は安心すると思いますが、実はこの段階はスタートラインであってゴールではありません。大切なのは熟語学習なのです。どういうことかというと、ユニットで出てきた使い方で、一般の漢字テストに出てくるとは限りません。他の漢字と組み合わせることによって熟語をつくり、さまざまな形でテストに登場してくるからです。そこで三番目の段階では、これらの熟語の意味と組み合わせを覚えていく学習になります。

仮に一つの漢字に熟語が四つぐらいあるとすると、八百くらいの熟語を覚えていくことになります。大変なように思いますが、実はそう大変でもありません。約一か月半から三か月もあれば完全に定着し、二学期の後半にはどんなテストをしても全員がほとんど満点ということがむしろ普通になってきます。

私の場合、一年間のうちの後半半年は漢字の宿題がないという日も多くあったほどです。なぜでしょうか。それは、これまでのプロセスで漢字がほぼ完全に書けるようになっていると、熟語とは漢字を覚えるというよりも、漢字の組み合わせを覚えるということになり、意外に簡単に覚えてしまうのです。具体的には、ユニットの熟語プリントの上半分程度を一つのまとまりとして、そこに書かれている熟語を漢和辞典で調べながら書けるようにしていきます。ここで、漢和辞典を使うということは決定的に重要なことです。なぜならば熟語が表しているものは語彙そのものだからです。

漢字は、違う漢字と組み合わさることによって独自の意味をもちます。つまり、熟語学習は語彙学習なのです。語彙学習である以上、意味を理解するのは当然であり、意味も分からず熟語を覚えるというのはほぼ不可能で、意味のない学習と言えるからです。

具体的には、それぞれの漢字の熟語を漢和辞典で調べ、分かりにくかったもの、覚えにくそうなもの、それを丸で囲みノートに書きながら練習していきます。ここで、ノートに書くというのは、その漢字を書くというより、書くことによってその意味を意識させると言った方が正確かもしれません。

これをモジュール授業や、国語の授業の時間の中で扱い、熟語練習をしたあと、その直後に熟語で漢字テストをするという学校もあります。その方が初期の段階では徹底して効果的な学習になると言えるでしょう。

熟語のテストについては、そのまとまりの中から十個か二十個、教師が口頭で指示してもかまいませんし、テストプリントをつくってもかまいません。一つの熟語を十秒程度とし、制限時間を設定してテストしていきます。

ユニットのテストと一つ決定的に違うことがあります。それは、熟語のテストにおいては合格点を八十点とすることです。なぜなら、語彙については生活経験の乏しい子どもには、どうしても理解が難しい場合があるからです。そうした場合はどうしても合格することができない、ということが起きてきます。例えば、「下」という漢字と「水」という漢字は一年生で習いますが、この二つの組み合わせの「下水」という漢字は、直接見ることが少ないので、一年生に理解させようとしてもなかなか困難です。こうしたものは漢字が書けないのではなく、語彙が習得されていないという意味で、発達段階によっては、合格しなくてもよしとしなければなりません。そこをあらかじめ見積もって合格点を八十点とするのです。

五④ 漢字を活用するとは、漢字を完ぺきに覚えていること

かつて、国語指導を研究している大学の先生が、私の学級で授業をされたことがありました。その時子どもたちを高く評価してもらいました。その理由は、「陰山学級の子どもたちは漢字を単に覚えるのではなく、的確に使いこなしている」というものでした。

私はその時、意外に思えました。というのは、私の学級においてはそれが当たり前だったからです。なぜ子どもたちは活用できているのか。ほかの学級とどこが違うのか。それを考えてみました。

その答えは、単純です。私の学級の子どもたちは漢字を完全に覚えているからです。近年、大人はパソコンを使って文章を書きます。そのため、自分で漢字を書くことが減ってきています。すると覚えていた漢字もうろ覚えになってしまい、手書きのとき自信がない場合、ひらがなで書いてしまいます。つまり、子どももそれと同じです。子どもたちが漢字を書こうとしない、使おうとしない、というのは完全に覚えきっていないからです。自信があれば、子どもは自然に漢字を使うのです。

語彙も含めて、しっかり漢字を習得すれば、むしろひらがなで表現するのは文字数が多く面

倒になる、しかもひらがなや簡単な言葉ばかりだと低いレベルに見えてしまうので、子どもたちは漢字を積極的に使うようになっていくものです。

私は学校視察をするとき、教室の背面にある子どもたちの書いた文章を見ていきます。すると、そこで使われた漢字の様子でその学級の漢字学習のレベルが分かります。

過去、私が一番びっくりしたのは、福岡県鞍手町立西川小学校の三年生の教室の背面黒板の掲示でした。高学年としか思えない文体で、まだ学習されていない漢字が適切に使われていたのです。この学校の指導のレベルの高さをうかがうことができ、それは私にとって大きな衝撃でした。こうした学級が日本国中どんどん増えていってほしいと思います。

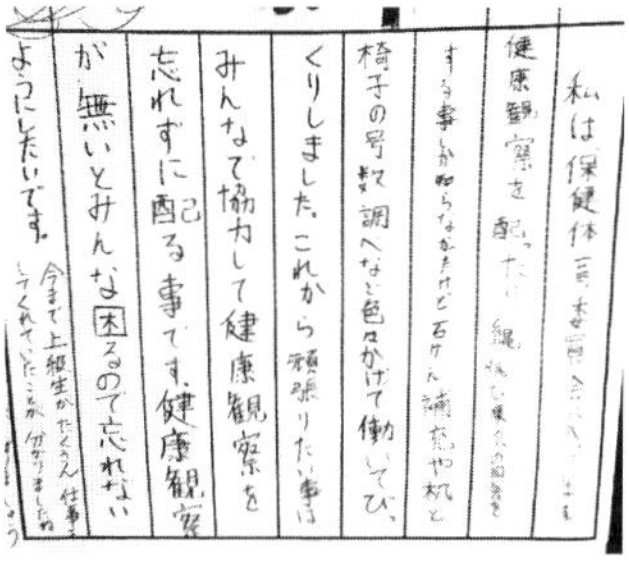

五⑤ 運筆ときれいな字

子どもたちがきちんと漢字を書いていけるようになるには、やはりここでも一年生の指導が重要になってきます。新出漢字の指導について前に書きましたが、一年生の最初は時間を計って自主的に書かせるようにするというのは難しいですが、慣れてくれば可能です。

日本の文字は曲線が多く、きれいに書くのは意外に難しいものです。ひらがなですら、きちんと書くことは意外に難しいのです。ただ、きれいに書けない基本的な理由は、鉛筆の持ち方にあります。鉛筆の持ち方は一年生で指導されますが、なかなか定着せず上級生になっていきます。しかし、四年生以降になってくるとこの鉛筆の持ち方が悪いことが学習に直接影響し始めます。

どういうことかというと、鉛筆の持ち方が悪く、筆圧が強すぎると、それが理由で指先が疲れたり痛んだりするため、学習が苦痛になってしまうのです。

子どもたちも、習った段階からすぐにそれが学習に影響を与えるのならばまだ意識しやすいかもしれませんが、低学年の間はノートに書く量が比較的少なく、悪い持ち方でもある程度こなせてしまうので、悪い持ち方が定着してしまうのです。

写真は、ある小学校三年生の子の鉛筆の持ち方ですが、人

差し指の第一関節が完全に反対方向に九十度曲がってしまっています。私はそれに驚き、「指が病気になっている！」と指摘し、正しい持ち方を教えたのですが、意外なことに、そのときの指導だけで彼の持ち方は大幅に改善しました。彼は「これで痛くなくなった」と言いました。彼は正しい持ち方を意識することができず、日頃から痛い思いをして書いていたのです。そして、このことが彼の学力が伸びない大きな原因になっており、その後スムーズに学力が向上していったのには私も驚きました。

　鉛筆の持ち方を正しくするには、今の普通の鉛筆では細く正しい持ち方になりにくいものです。形が三角形に近く太めのものがよく、芯もやや濃いめのものが低学年には適しています。公文式ではそのための鉛筆が作られていますが、最近はコクヨからシャープペンシルでそうした導入時の筆記具としてふさわしいものが出てきています。また、私が学ばせてもらった高嶋喩先生の児童かきかた研究所からは、「ユビックス」という鉛筆の持ち方の矯正具が出されており、一年生の間は国語学習において時間的に比較的ゆとりがあるので、運筆から漢字の学習で個別に指導していくことが重要だと思います。

　鉛筆の持ち方については、それだけで一冊の本ができるほどに多くの要素が課題としてありますが、子どもたちには人差し指の第一関節が膨らんでいること、親指と人差し指のつけねと鉛筆との三か所により大きな丸ができるように、という二点を指導しています。個別には中指や親指の位置なども細かく指示することもありますが、絶えず鉛筆の持ち方を指導するわけにもいきません。しかし、この二か所のポイントを自分でチェックさせるようにしておけばかなりの改善が見込めるものです。

こうした鉛筆の持ち方が改善されたあと、字をきれいに書くという指導が重要になってきますが、実はここでも大きな誤解があります。

子どもたちは、そもそもきれいな字というものがどういう字かということを意識できません。一般には、教科書の字の形をよい字としていますが、そもそもこれも印刷用の書体であり、決して書きやすい形にはなっていません。私は学年ごとの「○年生の漢字」（小学館）というドリルを出版していますが、ここでは書きやすく、なおかつ字がきれいに見える手書きの文字をお手本として採用しています。そして、ペン習字のごとくその字をまねるように書かせていきます。

ここでは最初から一文字五秒というわけには当然いきません。長さ、角度、曲がった部分の形、それぞれの線のつながり具合などを確認しながら、まずはゆっくり書き、やがてそれが自在に書けるようスピードを上げていきます。特にこのお手本の漢字をしっかりまねしようとすると、その文字をしっかり見ることになります。実はこのことこそが字をきれいに書くという基本的な出発点となります。単に「丁寧に書きましょう」と言うだけでは、スピードが落ちるだけで形がよくなるわけではありません。「きれいな字はどういう形なのか」ということをしっかりイメージづけることが大事なのです。

五⑥　漢字学習の最先端は前倒しの前倒し

先述の「○年生の漢字」は一般の書店で売られています。ですからいつでも買うことができます。私が監修していますので、学校教材である「○年の全漢字練習」（日本標準）と同じやり方で学習を進められるようになっています。岡山県高梁市立有漢西小学校ではこのドリルを二月後半から活用し、翌年度一年分の漢字を卒業式などの準備であわただしい二月後半から三月にかけて指導してしまいます。そして、その定着のために春休みの宿題とし、年度が明けた始業式のあとにはその一年分のまとめのテストから入れるようにされています。

新出漢字の学習を年度の開始前にやることによって、四月はすぐに読解など一般的な国語指導に入っていけるのです。これは、年間の国語学習のスケジュールを考えたとき、漢字指導に戸惑うことなく、ロケットスタートとも言えるように国語学習が効果的、集中的に行うことができます。もともと三学期の教材は多くなく、行事も卒業式以外はあまりありませんから、こうした新出漢字の集中学習には最も適しているのです。

ただ、これも学校全体の取り組みの中で行われるからこそ可能なのです。私は、この二月の新出漢字学習を視察しましたがその速さは強烈です。新出漢字一文字の練習に数十秒、一分もかからず進みます。見ていて本当に覚えていることが不思議なほどですが、漢字にせよ国語にせよ、テストの結果はこの上なく高いのです。学校全体が同じ方向を向いていることで、子どもが要領をつかんでいるからこそできることだと思います。

またこうしたことにより、学校としてもゆとりをもった指導が可能になっていきます。多くの人はそんな特別なことをすれば、一層忙しくなると思ってしまいますが、新出漢字の学習を早期に一度終えてしまえば、反復の回数と質を上げることができるようになるため、学習時間は減らしながら、学習結果のレベルは大幅に高めることができるのです。その結果、従来の学級ごとの学習と、学校ぐるみの集中学習との結果の間には、大きな差が出てくることは当然なのです。

五⑦　読解力と漢字

こうして基礎的な漢字の学力が上がってくると、学習していない漢字や熟語についても、その部首などを手がかりに語彙を増やし、子どもたちは読解のレベルを上げていきます。

平成三〇年度から、漢字学習の習得を含めて集中的な国語指導を行った福岡県田川市の伊田小学校や鎮西小学校には、今話題になっている新井紀子先生監修のリーディングスキルテストに挑戦をしてもらいました。

第2問　次の文を読みなさい。

仏教は東南アジア、東アジアに、キリスト教はヨーロッパ、南北アメリカ、オセアニアに、イスラム教は北アフリカ、西アジア、中央アジア、東南アジアにおもに広がっている。

○この文脈において、以下の文中の空欄にあてはまる最も適当なものを選択肢のうちから1つ選びなさい。

オセアニアに広がっているのは（　　　　）である。

①ヒンドゥー教　②キリスト教　③イスラム教　④仏教

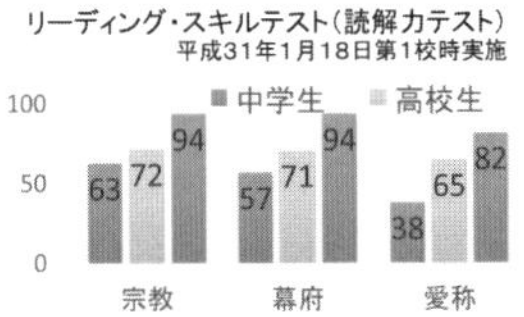

参考：「AI vs. 教科書が読めない子どもたち」新井紀子より

きっかけとなったのは岐阜市立梅林小学校において、新井先生が著書に書かれていた三つの読解テストを小学校六年生の子どもたちにやらせたことでした。その問題は上のようなものでした。

この三問のテスト、文章は結構高度ですが、中学生や高校生よりも梅林小学校の六年生の方が高い数値を出していたのです。たった三問で、条件も違いますから、これで梅林小学校の六年生が中学生や高校生より優秀ということは言えません。大切なのは、なぜこういう結果になったかということです。。それは、なぜ中学生、高校生に読解力がないのかということに通じていきます。中学生や高校生が、教科書を読めないということは、ずっと以前からあったことです。今に限らず、以前から中学校の先生が「まともに教科書が読めない」「特に漢字ごとにつまってしまう」と嘆いていました。だからこそ私は、小学校レベルの漢字学習の重要性を自覚し、指導に努力していただきたいのです。

実際に小学校レベルの漢字の読み書きが習熟してくると、子どもたちが中学校で教科書を読むことにおいては、ほとんどつまることがなくなり、理解力は大幅に上がりました。そして、一般的なテストなどの成績を上げ、なお自分たちの考えや意見を文章で表現できることにつながっていきました。それが土台となり、高校で、論文がコンクールに入選したというような話も後々聞こえてきました。

漢字は、読解や表現の根源的な力なのです。その全国的な平均レベルが六十点という状況で、まともな読解力が身につくとは到底思えません。しかし、今もって「漢字学習は国語のお荷物」みたいな言い方をされる教師も多いです。その価値や意味が分かっていないのです。そのため、「一年分の漢字を一時期に学習してしまうというのは乱暴だ」という意見は多く、せっかく前倒しの指導法を身につけた先生も、そうした周囲の無理解ゆえ、転勤後、悪い指導法に戻ってしまうのです。

とりわけ国際学力調査の結果において、日本の子どもたちの読解力が低下しているということは、その言語の基礎となる漢字の到達レベルが低いということが大きな要因となっていると私は思います。また、学習指導要領の定めるところにより、高校入試で出題される書き取り問題は、小学校で学習する漢字に限られています。つまり小学校の漢字がきちんと書けることは、高校入試の「サービス問題」を確実に解いていくことにほかなりません。けれども、これ自体が六割程度の正答率であれば、進学していく高校が大きくしぼられてしまうということにもつながってしまいます。

全国学力状況調査では「漢字はある程度書けている」という評価がなされているようですが、私の見立てではとてもそのようなよい状況ではなく、少し高度な語彙の漢字を出題しただけでも、一気にその正答率は下がる傾向があります。漢字と熟語と語彙の問題、これは子どもたちの未来や、日本の社会のレベルを決定づける基本的なリテラシーなのです。

六① 徹底反復を生かした集中速習

読み書き計算の徹底した反復学習は、子どもたちの集中力を高め、基礎力を高めることによって子どもたちの学習を効果的、効率的に進めるためのものです。この徹底反復によって起きてくる最大のポイントは、子どもたちの学習がテンポよく進み、高速化するということです。

漢字は年度の前半で完全に習熟し、百ます計算も低学年から高度に高まっていれば、実は、読み書き計算の学習に必要な時間はかなり短縮されてきます。「陰山メソッド」といえば読み書き計算の徹底反復」、そういう理解の中で、私はいつも漢字や計算や音読を指導しているかのように思われがちですが、それは全く正反対です。漢字も計算も音読も集中してやれば短時間で終えることができます。結果的に私は、読み書き計算に使う指導時間は一般の先生よりも大幅に少ないと言えるかもしれません。

六②　ゆっくり丁寧な指導から集中速習へ

では、こうした徹底反復による集中力の獲得は授業をどのように変えていくでしょうか。それは、授業の高速化と理解度の高度化です。

例えば、「難しい問題を短時間で解く子と長時間で解く子、どちらが賢いか」と聞けば、だれも迷わず「短い方」と答えるでしょう。でも「子どもたちを賢くするためには難しい問題をじっくり解かせるべき」という印象があります。実はこのギャップこそが、真に効果的な学習というものが解明されていないことの証明なのです。

集中することが学習の本質とするのならば、ゆっくり丁寧に学習するということは、最悪となってきます。「ゆっくり」は、子どもの学習をだらだらにしやすく、「丁寧に」は、受け身にさせてしまいがちです。ですから、「ゆっくり丁寧に」というのは、実は賢くなるということとは正反対の方向なのです。事実、ゆっくり丁寧な指導が必要という話はあっても、それによって子どもが伸びたという話を聞いたことはありません。まして、できない子に合わせ、ゆっくり子どもたちに学習指導してしまえば、時間がかかり、その前に学習したことを忘れてしまうことが積み重なり、結果「時間がかかって、成果が上がらない」というのが私の結論です。

となると授業を高速化させた方がよいということになります。事実、徹底反復の学習が効果が定着してくると、子どもたちの学習は日を追って加速度を上げていきます。算数でも、結構難しい問題をヒントも与えず出題するだけで、多くの子があっという間に解いてしまう、こちらが解説するまでもなく子どもたちが自分たちで学習していくということが普通になっていたのです。

　こうした経験を積み重ねるうち、私は思い切って二時間分とか一週間分とかという授業を一時間でやってしまうということにチャレンジするようになりました。意外だったのは、そのことで通常の予定された学習ペースで学習するよりもはるかに高い結果が出るようになったことです。例えば、五年生の指導困難教材の「速さ、時間、道のり」の問題。この求め方は、教科書では「速さ、時間、道のり」を一時間にひとつずつ学習するようになっています。これらは、絡み合った問題なので、問題や数値を単純なものにして、一時間で学習するようにしました。その方がはるかに理解は速く、確実でした。こうした指導を進めていくと、時間は余ってきます。そこでその余剰時間に、個別指導や演習をさせるとますます学力は向上していったのです。

　こうしたことをこれまで私は、人に言うことをあまりしませんでした。というのは、数時間分を一時間で終わらせるというのは、雑な授業を意図していると誤解され、あらぬ批判を浴びることを恐れたためです。

ところが、福岡県田川市立伊田小学校の授業改善のミーティングの途中、「基礎学力が高まってきた子どもたちに対してどう指導したらいいか」、ということが話題になり、「陰山先生はどうしていたのですか」という質問に対し、私はついうっかり「何時間分もの内容を一時間で終えていたんだ」と話してしまいました。すると田川市の石井指導主事から、「ぜひそれをやってください」と言われたのです。

六③　授業の高速化の方法

個に応じた丁寧な指導が全国的に模索される中、一斉同一高速化の指導を提起するというのはあまりに大胆であり、私は不安でした。しかし、せっかく要請を受けたのでやってみることにしました。この伊田小学校は、いわゆる「よい授業」を追求されており、私のように数時間分を一時間で終えるという一見乱暴な指導をすることは考えてもおられませんでした。

そんな状況で私は、算数で三時間分を一時間でやってしまうという授業をお見せしました。やり方は極めて単純で、あれこれ導入をやっていると時間が無駄に過ぎますから、簡単な課題のあと、子どもたちに課題となっている例題を与え、自力で解いていかせました。
　もちろんこれは、百ます計算で十分に指導されているからこそのことです。それでも、自力で解けない子たちはいるので、「自分で解けない子は前に出ておいで」と教卓に子どもたちを集め、自力でやっている子どもたちには聞こえないように、小さな声でやり取りをしながら指導をしていきました。そして、同じ説明を何度も繰り返します。なぜかというと、こうした子どもたちは聞く構えが育っていないので、聞き取れないというより、分かろうとする意識がはたらいていないのです。

　ですから、その意識が芽生えるまで同じ説明を二度三度と繰り返すのです。同じ説明を同じように繰り返し、分かった段階で自分の机に帰り解いていく、これが私の算数指導の基本的なパターンでした。簡単でも意味があります。子どもたちはまず、自分が分かっていないことを自覚し、前に出てこなければいけません。出てこない子は分かったものとされますから、後から必ず、説明を求められることになります。ですから自分が分かっているか分かっていないかを明確に判断することが重要です。

　分かっているか分かっていないかを明確にしないことが、指導を難しくするのです。

　それを自覚させることにより、三時間分の三つの課題を淡々とこなすことができます。そして、最後に子どもたちにこう指示します。「今日やった問題は、教科書のどこからどこまでかを確かめてごらん」。そうすると三時間分が一気に進んでいることに気づき、「すげー」と声を上げます。「もう三日分終わったよ、みんなよく頑張ったね」と言うことで子どもたちは自信をもってくれるようになり、こんなふうにやっていいんだと、自分も進めることができると思うようになるのです。

六④　集中した授業で教師はしゃべらない

　この授業のあと、授業についての研修会がもたれましたが、大した質問も評価もなく研修会は終わってしまいました。私は学校からの帰りに石井指導主事と「やっぱり無理だったんじゃないか」というような話をして終わりました。

　そして半年後、それを受けての授業提案を全学級一斉に行うから見に来てほしいという依頼が伊田小学校からありました。すると、すべての学級が授業を高速化させており、その半年間に劇的な変化をしていました。私は、すごいと思うと同時に戦慄を覚えました。

「これでよかったのか」と聞くと「これでいいのです」と佐藤校長は答えられました。私はつい本音が出てしまい、「でも前回は質問も何もなかったではないですか」と聞くと、「あまりの衝撃に言葉もなかったのです」とおっしゃいました。「何が衝撃だったのですか」と聞くと、「陰山先生はまともに板書をするでもなく、ただリズムよく進めていかれただけなのに、全員が目標を達成したことに衝撃を受けたのです」と。

　まともに板書もしない、そうなのです。テンポよく三時間分の学習をこなそうと思うと、余計なことを書く間も言う間もありません。子どもたちが理解し、問題を解いてしまっている以上、余計なプロセスは不要なのです。

　ただ、その次の伊田小学校の工夫に私は正真正銘度肝を抜かれました。「陰山先生の授業を見て、教師は無駄な言葉を発してはいけないということを痛感しました。それで、教師の言葉を減らすことを考え、全教師で工夫をしたのです」と。

　確かに先生方の発する言葉に無駄はなく、何かを話すというより、そもそも説明することも少なく、授業は進んでいました。「どう工夫されたのですか」と聞くと、「お互い授業を観察し合う中で、教師の話した時間をストップウォッチでカウントし、その総時間を確認しながら教師の言葉を厳選するよう努力したのです」。

　本当にびっくりしました。そのようなことは、私も考えたこともありませんでした。

　確かに言葉を減らすことは重要ですが、自分で自分の話した量をカウントすることはできません。私はよく背面黒板に「しゃべるな」と書いたポスターを貼り、それを見ながらできる限り話す量を減らすことを努力していました。そんな低次元の工夫に対して、学校ぐるみによるシステム的な工夫をしながら、授業改善にかける情熱のすごさを感じました。そして、私が以前授業をした担任の高木先生がこの授業改善にはまってしまい、「四十五分のうち、話すのはほんの数分」という、神がかった指導ができるまでに進化させておられたのです。しかし、この間はたった半年足らず、学校ぐるみでここまで授業は変わるのか、今度は私が言葉も出ないほどに衝撃を受けることになったのです。

六⑤　集中速習のいくつかのテクニック

この集中速習の授業を進めるにあたってはいくつかの基本的なテクニックがあります。それを解説します。

1　教師の立ち位置と目線

集中速習において最も重要なのは、一人たりとも集中のレベルを下げさせないようにすることです。授業が速く進んでいく以上、気を許していると集中の切れてしまった子は授業についていけなくなります。ですから、子どもたちの一人ひとりの学習の状況を絶えず観察しておくことが、大前提として必要になってきます。

ところが教師が一か所に立っていると、必ず死角となる子どもが出てきてしまい、そうした子から集中は落ちてきます。集中の落ちかけている子どもに対しては、すっとその子の方を向いたり、それでも聞かない場合は指をさしたり、それでも聞かない場合はその子のところに歩み寄っていきます。それでも聞かない場合は、集中するよう小さな声で注意を促します。そうすることで声を出して注意するということを避けることができます。

子どもたちにとって教師が注意を促す言葉自体が、集中を切ってしまうことになるので、声を発することなく注意したり集中を促すということは一番に重要なことであり、身につけなければいけない第一の技量です。

そして、すべての子たちを観察していくと、絶えずあちこちの子どもを見ることになります。その教師の姿は、目がきょろきょろというよりはぐりぐりと意識をもって動かしているように見えるので、目をぐりぐり動かす教師は基本的に授業がうまい先生と私は判断しています。かつて訪問した常時二か国語で授業が進むルクセンブルクの学校では、言語の違いで集中できない子どもに注意を向けている先生の目の動きには、強力な観察力を感じました。まさしくぐりぐりと動いていました。国境を越えた基礎的授業技術だと思いました。

2　机間巡視

「立ち位置を変える」という指導の発展として、机間巡視があります。ノートに書く作業をしている時、そのノートを見て回ることが基本ですが、音読の時は、子どもたちが一人ひとり声を出しているか、少しかがみながら、子どもたちの口の高さに自身の耳をもっていって、全員の声がきちんと出ているかどうかをチェックします。そのチェックをしていること自体で子どもたちは集中するようになり、学習は集中したものになっていきます。計算をしている時には、誰がどのようなつまずきをしているかを確認をします。ノートに自分の意見を書かせる時には、どの子がどのような意見を書いているかを確かめます。

　この机間巡視での個別指導が、その次の全体学習の中での子どもたちに対する助言となっていきます。これは授業のレベルを決める重要な学習課程です。子どもたちの状況を観察もせず形式的な説明に終われば、子どもたちはそれが重要な説明ではないことを敏感に見抜き、聞こうとはしません。一人ひとりの学習作業をアドバイスすれば、すぐに自分の学習作業に生かすことができます。ですから集中して聞くのです。子どもたちの学習をしっかり観察しながら机間巡視をしていくことも観察の基本的な技術です。

失敗例として、よく若い先生が、さっさと歩いていく姿を見ることがありますが、実際はどうあれ、子どもたちからするときちんと見てもらっていないという意識を与えられることになってしまいます。少し前かがみにし、歩くスピードもしっかりと子どもが見てくれていると思えるようにすることが重要であり、極端に言えば、それを形式的にしただけでも、たとえ別の考えごとをしていたとしても、子どもはきちんとするものです。

姿勢そのものが板についてくると、意識することなく教師の動きとなって表れ、自然と子どもたちの学習に集中がみなぎってくるのです。

3　挙手と指名

「この問題分かった人、手を挙げて」という授業場面は日常的に多くあり、挙手した子に正解を求め、指名するというのは一般的ですが実はこれは大きな問題を含んでいます。

なぜならば発表したくない子は、分かっていても手を挙げないからです。また、子どもによっては分かっていなくても、それを知られるのが嫌で無理に手を挙げ、指名すると「忘れました」と言って座ってしまう子もいたりします。

私は、「分かった子、手を挙げて」と言って手が挙がったついでに、手を挙げていない子に「どこが分かりませんか」と聞くことがあります。手を挙げることイコール発表することにはなりません。

分かりやすく言えば、私の授業に対して、理解ができているかを挙手して調べるアンケートのようなものなのです。ですから、挙手していなくても発表を求められますし、手を挙げた以上はしっかり答えられるまで頑張ってもらう、こうすることによって子どもたちは、手を挙げるかどうかということについても一定の決断をすることになります。実はそのことこそが授業に対して真剣に立ち向かっていく構えをつくることになっていくのです。

挙手した子だけを指名し、答えさせていると、できない子は最初から手を挙げませんし、分かっている子も面倒だと思い手を挙げようとしません。授業はどうしても集中力を欠いたものになってしまいます。挙手は全体の理解の状況を示すアンケートだと考えればさまざまな指名の仕方が考えられます。

挙手をする子が少なければ、半分以上挙がったら指名します。「もう一度考えてごらん」という使い方もできるようになってきます。

4　子どもへの説明は変えない

一斉授業の場合、子どもたちに学習作業を指示することがたびたびあります。しかし、その説明が練られていないと、説明のやり直しをしなければいけなくなってしまいます。この時よくする失敗は、一回目の説明で分からなかったからといって、二回目に言い方を変えることです。これは学習が混乱していく初歩的なミスです。しかもベテランにも多い一般的な事例でもあります。一回の説明で分からなかったら、分からないなりにでももう一度繰り返します。そして、どうしても分からない場合はもう一回同じ内容で説明するか、あるいは分からないという子にだけ個別に小さな声で指示するか。いずれにせよ子どもにとっては、言い方を変えられてしまうということは最も分かりにくいことなのです。そして、言い直しをしてくれるということが日常的になってくると、最初の一回目はもう聞かないでいるということが日常化してくることすらあります。

ですから「もう一回言ってください」と言われたときに、「言いません」と返すことも必要です。

しかし、そもそもそういうことが起きないよう、一度で分かるような説明を事前に考えておくことが絶対的に必要なことであり、「教師の言うことを理解することが子どもの務め」のように思うことは絶対にあってはならないことです。なぜなら、こうしたことがきっかけとなって学級崩壊につながっていくことがあるからです。

5　子どもの質問への対応

若い先生の授業を見ていると、答えにくい質問や意味不明の質問を慣れない先生をからかうように、先生にぶつける子がいることがあります。こんなことにならないように、まず質問は限られた時間にさせる方がよいでしょう。また、子どもの自主性を尊重するとして、自由にさせるということもありえますが、よほど授業をまとめる技術があるのならば別ですが、質問の時間は限った方が集中はしやすくなります。

そして、その質問について個人的に答えればよいものは、小さい声でその子に答えたり、全体に聞かせた方がよい場合はやらせている作業を止めさせ、全体にその答えを言います。この教師からの説明や指示が個別のものなのか全体へのものなのか、これは瞬時に判断する必要があります。迷うことは混乱を招きます。たとえ間違っても、瞬間に判断をし、必要があればやり直すということが大切です。

6　集中速習が成立する条件

数時間分の授業を一時間で指導してしまう集中速習は単に授業を高速化させるだけではなく、そのことによって理解も高度にしていくということが必要です。そうでなければついていけない子がやがて反発するようになり、普通の授業ですら成立しなくなってしまうからです。

集中速習が成立する第一の条件は、百ます計算や漢字学習がある一定のレベルまで達していて、集中して学習するということにある程度慣れていることが必要です。具体的には、中学年以上であれば百ます計算二分以内、漢字については全体の八割がほぼ習得されていることが必要でしょう。集中速習を一つの学級でやろうとすると十月の後半以降、と考えていた方がいいと思います。

次に必要なことは、単元の特質を理解し、適切な判断で計画的に行うことです。思いつきでやるようなことではありません。その何時間の学習内容が一連の継続性をもっていて、無理なくスムーズにつながっていく教材でなければいけません。教材として変な切れ方をしているところを無理にまとめてしまうと、学習効率をかえって下げてしまいます。ですから、単元を見通し、数時間分を一時間でやることもあれば、一時間で一時間をそのまま指導するということもあります。

また、学習の到達目標が教科書以上に高いレベルの授業をめざす場合には、逆に一時間分の学習内容を二回、三回繰り返すということもあります。重要なのはその時間の終わり、またはその単元の学習の終わりがどのようなものか明確に意識し、その結果にシンプルにつなげていくことです。

7　ついてこれない子をケアする技術

伊田小学校の実践事例にあるように、集中速習についていきにくい子も当然出てきます。追いつけないほどの課題を出すわけにはいきません。

しかし、集中すればついてくることができる、となれば伊田小の事例にあったようにできない子だけを前に集め、説明するという方法があります。また、子どもたち自身のなかに説明できる子がいるならば、友達との話し合いの時間を短時間入れ、その時間を教師が観察しに行き、きちんと行われているかを確認すればよいでしょう。

いずれにせよ、遅れがちな子どもたちをどのように追いつかせていくかということは考えておかなければいけないことです。

学校ぐるみの実践を開始した当初は、中学年、高学年の子は、低学年で本来積み上げておくべき基礎力が育っていません。しかも自分はできないという思い込みや、勉強は嫌いという思いにこりかたまっているのが普通です。ですから、多くの場合は二〜三年は放課後や昼休みにそうした子に対して個別指導をする必要があります。

個別指導で重要なのは、鉛筆の動きを細かく注意し、つまずきの正体を見抜くことです。苦手や分からないところでは、必ず鉛筆の動きは遅くなります。そここそが指導すべきことで、きわめて具体的で細かい指摘をしないといけません。分数ができないから分数が分かってないというアバウトな見方を排し、その子どものつまずきを見つけ、すぐに修正してあげる必要があります。また子どもには、その修正の中で、必ずできるということを自覚させることです。絶対にやってはならないのは、通常の授業の教材をそのままやらせ、できない経験をさらに上塗りしてしまうことです。

　細かい修正指導という観点で私がよく使った方法は消しゴム作戦です。これはかなり有効です。それはひっ算の手順でも、複雑な漢字の書き取りでも大活躍し、最後の切り札でした。漢字を例にしましょう。まずは「さっと正しく書けたら合格」というゴールを伝えます。そして課題の字を手本を見ながら書かせます。当然ゆっくりですし、きたないです。これを認めるから子どもはよくならないのです。そこでどうするか、消しゴムで消してしまうのです。すると、子どもは反発します。この反発が強いほど、改善効果は高くなる傾向があります。もう一回と指示します。一回の書き直しで子どもが態度を改めるようなら個別指導の対象者に入っていません。「不合格」と言って消します。そしてさらにもう一回。するとかなりよくなってきますが、ここで分かるのは改善できる余地です。そしてできるだけ目標を高くします。「だめ、もう一回、もっと速く」と即座に、テンポよくがコツです。このときひとつのことに没頭してくると、集中経験のなかった子が集中してきます。この集中は、本人は心地よいのです。うまくむきにならせると、不思議なことが起きます。集中することで、自分が苦手であることを忘れるのです。そして、夢中になるのです。こうして本人の苦手なところを見抜き、そこにしぼって小さいことに集中させる。そうすると、それまでできなかったことが、本人が意識しない間にできるようになるのです。

六⑥　授業では時間管理を徹底する

集中速習に限りませんが、授業の終了時刻を意識し、残り時間があと何分かということに注意しながら、授業を進めることは重要です。そのために、子どもたちに読ませる時間、書かせる時間、話し合う時間を明確に決めておき、できる限り追加の時間を設定しないようにしなければいけません。授業は毎日やるものですから、例えば話し合いの時間は標準として七分とか、音読の練習時間は三分とか、ユニットのようにあらかじめ標準の時間をつくっておくと、四十五分間の学習過程をいくつかの学習場面に分け、ユニット式に組み立てることによって授業構成をシンプルにすることができます。

決定的に重要なのは、授業時間の終わりを延長させないことです。よく、研究授業などで、計画の半分しか進んでいないのに授業が途中で終わってしまうということがありますが、通常の授業では絶対にやってはならないことです。時間が足りなくなれば、一方的な教師の説明だけになってしまっても、予定のところまで終えるようにします。

なぜなら、次の授業が尻切れになったところからスタートするということにはならないからです。子どもたちにとってその時間は、その時間だけのものであり、やり直そうと思っても実は最初からやり直さなければ、前回やったことをほぼ忘れてしまっているのです。そのような状態になるのなら一方的に結論までもっていき、別の場面でその足りない部分を補う方が、教師自身も一時間の時間配分を強く意識することになるので、絶対に好ましいわけです。

こうした授業時間内での時間管理は、一般的には教室内にある時計を使って行われるものですが、時計は時刻を計るもので時間を計るものではありません。何分間でやるかという本当の意味での時間感覚は、ストップウォッチを使い、厳密に管理する方が子どもたちと一緒に時間管理ができて有効です。

私自身、百ます計算のためにストップウォッチを使っていましたが、いつのまにか授業中は、ストップウォッチを首から下げ、百ます計算以外でもストップウォッチを活用するようになったのにはそういうわけがありました。三分間だと何人発表できるか、五分間だとどの程度ノートを書くことができるか、この見積もりを頭に置きながら授業を構成できるので、無駄のない授業を構築することができるのです。

こう考えると、「勉強とは集中する練習である」ということは、授業や学習などすべての場面に意識されることなのです。

第五章

学力向上を核にした学校改革

一　最も重要な学年は小学校一年生である

いろいろな批判や評価がある中で、今も日本は受験結果が学校の評価に一番影響するものです。とりわけ一流大学に合格するにはどの高校がよいかと、名のある私立の中高一貫校や伝統的な公立高校の評価は、保護者にとって最大の関心事です。

しかし、私は、受験に成功していくことにおいても、最も重要なのは小学校だと考えてきました。

例えば、私が十四年間関わった兵庫県の朝来町立（現在、朝来市立）山口小学校は田舎の小さな小学校でしたが、読み書き計算の実践や早寝早起き朝ごはんの学習をさせる中で、学級の一割の子どもが、国公立の医学部や旧帝国大学と呼ばれる大学に合格していきました。評価の高い国立大学や公立大学の合格者は二割前後いました。

その後、私は、広島県尾道市立土堂小学校の校長となり、山口小学校当時と同様の指導を行いました。その結果、その時の新入生五十名が、その後の大学受験で東京大学一名、国公立医学部四名、そして、それを含めて十四人の子どもたちが国立大学に合格していったのです。これは、塾や予備校の成績としてみても非常に優秀な結果と言ってよいでしょう。

子どもたちの学力の可能性は小学校で決まってくる部分が大きいのです。その後、私は私立の小学校にも関わりましたが、その中で意外だったのは、小学校の入学受験の順位と、小学校卒業時の順位は全く異なるものだということです。

しかし、小学校三年生の学力順位は卒業時の順位に近いものになっていました。

つまり、小学校の中でも一年生、二年生の学習が最も大きな成長を生む時代であり、ここの学習が、その後の学習に大きく影響していると考えられるのです。実際に、陰山メソッド実践校では、低学年指導に力を入れてもらっています。教科書指導は重要ですが、それ以上に繰り上がりや繰り下がりが瞬時にできることなどに努力してもらっているのです。

二…………学校ぐるみから地域ぐるみへ　――福岡県西川小学校で見たこと

山口小学校や土堂小学校の実践は、他の地域の学校にも大きな影響を与えました。その教訓を学校ぐるみの指導に生かした学校もありました。その代表的な学校は、福岡県鞍手町立西川小学校です。

私は、その西川小学校の先生方から連絡を受け、視察に行ったのですが、そこで見た授業風景はまさしく衝撃的なものでした。最初に入った教室は一年生の教室でしたが、いきなり始まったのは、子どもたちが全員、枕草子や学問のススメを朗々と暗唱する姿です。

上の学年の子も視察したのですが、どの学級でもそのレベルは高く、六年生に至っては芥川龍之介の「蜘蛛の糸」の出だし約六百字余りをこともなく全員が暗唱していました。

そして、先生方の解説「陰山先生が作られている徹底反復音読プリント、このすべての文章を子どもたちは全部暗唱しています」。私もそこまで子どもができるようになると考えたことはありませんでした。こんなにも子どもは伸びるのかという衝撃を受けたものです。

暗唱する子どもたちを見て、子どもたちの計算している様子を見てみたいと思い、当初予定されていなかった計算練習を見せてもらうことにしました。百ます計算が十分できるようになったあと、あまりのあるわり算百問を高速に計算させる百割計算を子どもたちにやってもらったのです。

この百割計算が速くできる子どもを、何度も見たことはあります。しかし、西川小学校においては全員が速かったのです。百割計算がそこまで速いというのは、低学力の子が一人もいないということを示しています。事実、西川小学校の全国学力テストの点数は圧倒的に高く、その子たちが一学年百四十名あまりの中学校に進学すると、十名が上位二十番以内に入っていたのです。

山口小学校や土堂小学校でも達成できなかった子どもたちの姿がそこにあったのです。では、一体こうした奇跡的な学力向上は何がポイントであったのか、私はそれが学校ぐるみの実践によるものだと思いました。

一般に、子どもたちの学力を高めるために優れた教師を保護者も教育委員会も求めます。けれども、西川小学校には論文を書くような先生がいるわけでもなく、新任や講師もいて、なんら特別な要素のある学校ではありませんでした。ただ一つ、教職員みんな仲が良く、朗らかに笑っていたのが印象的でした。

視察のあと、私は懇親会に招いていただいたのですが、西川小学校の懇親会は演芸大会のようなノリでとにかく先生方が教師生活を楽しんでいる様子がすごく伝わってきました。閉鎖的で長時間労働が定番となっている多くの学校と違う、開放的で明るい雰囲気に私は感動しました。

そして、西川小学校の先生方は強調されます。「誰でもできるようにしてあり、そのことにより、人は変わっても実践は変わらない」と。この視察は、山陽放送の番組としてメッセージとなり、多くの学校や家庭に伝わっています。

三　教育行政のゆくえについて

●アクティブ・ラーニングのゆくえ

新しい教育の方向性として子どもたちが主体的に学んでいく構えをアクティブ・ラーニングと呼び、随分その方向が模索されてきました。このアクティブ・ラーニングについて、文部科学省においてこの流れを主導した方にお話を聞いたことがあります。それは、二〇一五年頃のことです。当時、国際学力調査の結果は読解力を含め世界トップクラスに回復し、問題行動も少し落ち着いていました。

そんな中、文部行政の中で唯一悪化しているのが大学の国際的な評価でした。大学教育を改革していくために、大教室に学生を集め、大学教授が教育内容について語り、学生がそれをノートに取るというような一方的な学習では、世界の大学の進歩の中に取り残されてしまうという危機感が文部科学省にあったようです。

国際学力調査の結果に見られるように義務教育段階においては、基礎基本の学習が定着し、そして総合的な学習など子どもたちが主体的に学習する構えができていました。しかし、高校へ行けば大学入試のためにつぎはぎの知識を暗記し、一点刻みの数字競争にさらされ、そして大学では一方的な学習、これを改める理念としてアクティブ・ラーニングが提起されたと解説をしてくれました。私は基本的にその考え方に賛成でした。ただ、最後にその方がため息をつくように言われた言葉があります。「アクティブ・ラーニングという言葉に高校や大学の先生が反応せず、基礎基本をきちんと固めてアクティブ・ラーニングの土台をつくった義務教育がおかしな反応をすることがだけが心配なんだ」と。

私が思うにこの心配こそまさしく的中したと思います。アクティブ・ラーニングをより具現化するため「主体的・対話的で深い学び」と日本語で表現されるようになりましたが、私から見るとこの言葉はかえって個々の教師の独自の解釈につながってしまい、ゆとり教育批判を克服できた基礎基本の徹底が崩れていったように思います。

一方、薄い教科書が学力低下を招くとの批判もあり、教科書は最大五割ほどそのページ数を増やしました。一方で発展的な学習ということも叫ばれ、量が多いだけではなく、問題も高度になっていきました。残念ながらその文部科学省の方が危惧したように学校現場は混迷の度合いを深めているように見えます。

●PISA2018

文部科学省の方と懇談をしているとき、一つ評価をいただいたことがあります。それは、

「PISA調査の結果を、陰山先生は、だいたい言い当てているんですよね」

ということです。

その話は、平成二五年からの子どもたちの暴力行動の結果や私が全国を回って感じる学校の様子などから、ＰＩＳＡ２０１２や２０１５の比較的安定した結果は、ＰＩＳＡ２０１８で大きく崩れるという不安を伝えている場面で出てきた言葉でした。

そもそも百ます計算が注目されたのは、ＰＩＳＡ２００３の順位の急激な低下がパニック的なゆとり教育批判につながったからでした。

第一回のＰＩＳＡ２０００では、まだ上位であったのが一気に落ち込んでいったのです。そして、ＰＩＳＡ２０１８はそのＰＩＳＡショックの時期と結果としてはそう変わるものではありません。でも実は決定的に違うことがあります。それは、ゆとり教育が広がっていく時期は「子どもの学習時間が短い」「高度な教材は削減される」――そうした中での順位の低下でしたが、ＰＩＳＡ２０１８は子どもたちの学習時間は増え、全国学力状況調査等で授業改善が行われ、教科書の内容も過去最高のボリュームになっているところでの順位の低下なのです。

しかも、教員免許の更新制や世界最悪と言われる教職員の勤務状況を背景として、すでに全国で千名を超える教師不足が起き、学校現場では一度退職した七十歳近くの教職員を現場に呼び戻すなど、深刻な状況になっています。

「この状況下で勉強させれば成績は上がる」というような安易な思い込みによる政策転換は、

さらなる教職員の大量退職や不登校の増大、また問題行動の増加につながる危険性があるのです。

にも関わらず二〇二〇年からは十分パソコンの台数も確保されない中でのプログラミング教育、教職員の研修があまりない中での英語の必修化、一方で大学入試改革の混乱も併せて考えると二〇二〇年からの学校行政の在り方は、かつてない深刻な状況ではないかと心配します。

四　読解力を決める言葉の力と生活

近年、子どもたちの読解力が低下していると言われます。実際に子どもに接していると、確かに好成績の子どもでも読解力不足を強く感じます。その原因として読書の不足やスマホやゲームのやりすぎが指摘されています。

しかし、実際には子どもたちの読書量そのものは多くはありませんが、かつて多かったわけでもありません。スマホやゲームの問題も今に始まったことではありません。

では、一体どこに問題があるのか、実は私も確定的なことは分からないのですが、子どもたちの語彙の不足は強く感じます。また、話す聞くという授業が増える中、作文などきちんと書く学習の量が減っているようにも思います。

それにも増して、子どもたちが一番減らしているものは、外での遊びや手伝いなどの生活そのもののように感じます。

それに置き換わってしまっているのが高度な学習をするための塾であったり、多くの宿題であったり、実は勉強量が非常に増えています。

もし、勉強量を増やすほどに学力が低下しているとするならば、学習の方向性自体を改める必要があります。ＡＩ時代に生きる力として、読解力の重要性を唱えておられる新井紀子先生は、その読解力を試すためのリーディングスキルテストを提起されています。

果たして陰山メソッド実践校は読解力があるのか、このことをチェックするため福岡県田川市の二つの小学校でそれを調査してもらいました。（本書121ページ参照）

この結果を見ると、全国平均を大幅に上回っていることがよく分かります。中でも読解力の最も困難と思われる推論のところでは、中学校の平均値に近い結果を出しています。元々教育困難地域として文部科学省の中でもよく話題にされた筑豊地区の学校ですが、基礎基本の徹底により読解力においても劇的な向上が実現しているのです。

アクティブ・ラーニングのためにアクティブ・ラーニング的な授業を行う、読解力をつけるために読解力の授業を行う、それは自然なことのように思えて、でも大きな落とし穴があるように思います。

野球に置き換えて考えます。ホームランを打つためにホームランを打つ練習をする、おそらくそんなホームランバッターはいないでしょう。彼らはスランプになれば素振りを繰り返し、フォームを矯正し、そして言います。「基本に返れ」と。本当に子どもたちの学力を高めるために何が必要なのか、そこを考える必要があるでしょう。

五　働き方改革と陰山メソッド

私の事務所で行ったセミナーに一人の校長先生が成績表を持って参加されました。岐阜市立梅林小学校の堀江秀樹校長先生です。かつて名古屋で行われたセミナーに参加され、その後、校長となられ、学校ぐるみの陰山メソッドに取り組まれ、子どもたちの大きな成長を生み出すことができたということを伝えるために来られていたのです。

私は、急上昇する成績数値を見ながらぜひとも梅林小学校を見てみたいと思い、視察させていただきました。

そこで見聞きしたものはこれもまた私の想像を超えたものでした。

子どもたちがきちんと音読し、正しく漢字を書き、計算も速い、これだけなら他の学校でもあることなのですが、子どもたちの学力向上を教師の働き方を改革していくために生かされたというところが他の学校とは決定的に違っていました。

今や教職員は忙しく、早朝出勤深夜労働が日常化し、年休を取得するなどありえないというのが全国の状況です。堀江校長は子どもたちの学力を高める中で校長自身も率先して年休を取り、また不要と思える公務や、早朝出勤・持ち帰り残業などを徹底的に削減されていたのです。教職員の平均的な年休の取得率は八割と言います。これは子どもたちの学力が十分高まっていることと両立して達成されているのです。

一方、時間ねん出のためには斬新なアイデアも提起されます。驚いたのは掃除にロボットを入れたことです。梅林小学校はご多分に漏れず児童数の減少が激しく、空き教室が多くなっていることが悩みでした。なぜなら子どもたちの掃除の範囲が広くなるからです。そこで、堀江校長は掃除用ロボットを導入し、子どもたちの掃除の時間を大幅に削減されたのです。学校を視察すると子どもたちが授業をしている間、廊下をロボットが掃除していきます。特別教室もロボットが掃除していきます。

そして、ついには掃除の時間そのものも削減し、その時間を全校児童が交流して遊ぶ時間として設定されたのです。

また、飯塚市と同じようにペッパーを導入し、プログラミングはペッパーを使ったロボットプログラミングの学習になっていたのです。飯塚市のロボットプログラミングも大変盛んになり、全国大会でも入賞しています。岐阜に強力なライバルがいるということは聞いていたのですが、そのライバル校は、陰山メソッドを導入した梅林小学校でした。

このように子どもたちの基礎力が高まることは、教職員の指導にゆとりを与え、働き方改革を着実に実現させていくことを可能にします。

六　知性創造の授業

読み書き計算の徹底反復により、基礎的な学習能力を高め、そして教科書に示された教科内容を短時間集中で習得していく集中速習。これにより、教科に示された学習目標は達成されていくことになります。

しかし、本当に子どもたちの成長を導くために、私はどうしても伸ばさなければいけないものがあると思います。それは、知的好奇心です。徹底反復にせよ集中速習にせよ、学習する内容は学習指導要領で決まっていますが、むしろそうしたものの中からさらにもっと学んでみたい、考えてみたい、そういう成長のエネルギーを生み出さなければならない。私はいつもそう考えていました。

そうした学習は、どういうものなのでしょうか。私は、最も端的なものは、教科書に関連はしているけれども教科書にはない教材や学習—これが子どもたちの知的好奇心を刺激し、主体的に学んでいく原動力になると考えてきました。学級担任の時代はそうした知的好奇心の育成の授業は社会科や理科の授業時間を通じて行うことが多くありました。

例えば、社会科の中で、最も子どもたちの知的好奇心を刺激するのは、実際に見たり聞いたりする経験です。中学年での地域学習で地元の農作物の歴史を調べたり、それがどのように現在販売されているかということを何か月もかけて学習したことがありました。

六年生の歴史の授業では、古墳の学習をすれば地域の古墳に出かけ、そこで土器の破片をみんなで探します。一人二人ではなかなか見つかるものではありませんが、何十人もが一斉に探してみると必ずいくつかは見つかるものです。子どもたちは目を輝かせながら探していきます。そんなときの子どもは好奇心の塊と言えるでしょう。

戦国時代の学習の時には、地域の山城に巻き尺を持って行ってその大きさや建築の方法、またさまざまな工夫について学びます。明治時代では、明治期に作られた西洋風の建築物を資料を基にしながら直接学習をしていきます。

こうして調べたことをノートや壁新聞のようなものにまとめ、それらを教科書の学習と関連づけることで、子どもたちの学習はより熱気あるものとなります。休日などに自分からその興味に基づいて、いろいろなものを調べていく活動に結びついていくものです。こうした知的好奇心を刺激し、満足させるために多くの時間が必要となりますが、徹底反復と集中速習は、そうした時間のねん出に大きなはたらきをしてくれます。

教科書の内容を指導書に示された手順でこなしていくというようなことは、自分から学習してしまう子にとっては退屈なものにならざるを得ません。なぜならそうした主体的な学習をする子は、自分から既に教科書を読み、学校の授業の導入部分は授業に入る前に終わってしまってしまうからです。

理科の学習においては、面白実験というものをよくやりました。ドライアイスは比較的手に入れやすく、氷に似ていながら全く違う物質ですから、理科の面白実験には適しています。ドライアイスを入れたバケツに熱湯を注ぐとすごい勢いで白い煙が床に流れ出ていきます。煙は普通上に上がるというイメージですが、ドライアイスから生まれる白い煙は、空気よりも重いので沈んでいくのです。そこに火のついたろうそくを持っていけばすぐに消えます。ドライアイスの正体は、二酸化炭素だからです。

また、ビーカーにアルコールを入れ、そこにドライアイスを入れます。水は〇度になると凍ってしまいますが、アルコールはマイナス一一四度まで凍ることがありません。ドライアイスはマイナス七九度ですから、アルコールの中にドライアイスを入れるとマイナス二十〜三十度の液体ができます。ここに柔らかい葉っぱとか花びらなどを入れると瞬時に凍ってしまいます。

液体窒素などを使うとこうした瞬間の冷凍を見せることは可能ですが、液体窒素は入手も難しく危険なので、このアルコールとドライアイスを使った実験で代用していました。〇度になると水が凍るという様子ばかりを見て生活する中でこのようにマイナス二十〜三十度の液体ができ、そして柔らかい葉や花びらが一瞬で凍り、割れてしまうというのは子どもたちの好奇心を大いに刺激するものでした。

最近はこうした理科の面白実験は、インターネット上や書籍でも紹介されていますから、それらを学校での授業と関連づけながら子どもたちとともに楽しむことによって、子どもたちは知的好奇心を高めていくことになるのです。

こうした知的好奇心を刺激し、より学習に対して意欲的になる授業の在り方を私は最近知性創造と言い、先生方に提案しているのです。

七　学校マネージメントの重要性

飯塚市から始まった、地域ぐるみの実践は、山口小学校や土堂小学校の実践をはるかに超える実践になりました。それは私にとっても予想以上の結果でした。いったい何がそれを導いたのでしょう。

それは、学校マネージメントです。教育長や校長が学校にふさわしい指導法を選び、その環境を整え、指導主事や教師を配し、方向性を誰にも分かる言葉で明確に打ち出す。まさしく飯塚市の片峯教育長の示した方向性は明確で、その後の実践におけるマネージメントの教科書となるものでした。

　同時に、目標となるものを数値で示し、絶えず実態も数値化し、目標との差を明らかにし、達成のための手立てを惜しみませんでした。

　改めてまとめてみます。当時の飯塚市の教育は多くの問題を抱えていました。その中核は、学力問題です。そこに教育長の先輩である荒木博史さんの紹介により、陰山メソッドの導入を決定します。そして、その実験として、当時最も困難を抱えていた菰田小学校に導入を計画します。その中で片峯教育長が本気なのだと、私が驚いたことがあります。それは市の経費で陰山メソッド教材を導入することを決断されたことです。一般に学校教材は、保護者の出費で学校ごとに購入し、その選定は担任団が行います。教育委員会が決定し、市のお金を使うことは異例です。なぜなら税金の投入になりますから議会への説明責任が生じるからです。よほどの決意がなければできないことです。

　ここで教育委員会と学校の関係を補足しておきます。教師には雑用と思える調査が多く来て、これを文部科学省の指示だと思い、敬遠します。しかし、これらの多くは議会からの要求によるものです。なぜ議会が多くの調査を教育委員会に求めるかというと、保護者の学校への不満が議会に向けられるからです。教育熱心と言われる兵庫県のある市の教育長は、議会からの質問の半分は、教育委員会に向けたものだと嘆いていました。このことは意外に学校は知りません。教育委員会に出向した教師は、そのことを知っていますが、不思議とそうした事情を教師に伝えることをしません。

いずれにせよ、こうした環境の中での教材の市費投入は大きな決断だったはずです。まさしく大一番を意識されていたはずです。

飯塚市は、後に鯰田小学校、飯塚小学校、菰田小学校で校長となる、最も意欲的な石井幸子先生が指導主事をされていました。私が研修に行った際、私を最寄り駅ではなく、車で一時間かかる新幹線の駅まで送迎してくださいました。送迎の車の中の一時間、私から、なかなか全体の前では言えないリアルな話を聞くためです。さらにここにもう一人乗り込んできます。その指導主事は、その後現場指導者として教頭や校長になってもらおうと考えられていた方です。人材育成の工夫がこんなところにもあったのです。陰山メソッドは特別な指導法です。常識にとらわれるような人では現場を指導できません。それはまだモデル校ができてない段階での必死の工夫でした。そして最も苦しい菰田小学校への指導支援を徹底します。受ける学校も必死です。その結果、わずか二年で学校は正常化し、テストの点も全国平均を上回ったのです。その結果が出た時、片峯教育長は、それを伝えるため直接菰田小学校に出向き、先生方をねぎらわれました。そしてそれを聞いた先生方は涙を流して喜ばれたそうです。

この結果を受けて、片峯教育長は翌年から、状態のよくない順に二つの学校に私を送る支援をされます。一度に二校、時には保護者向け講演会もセットされた指導は大変でした。正直なところ私も疲れ果てることが多くありました。しかし、その中で私も学校指導の方法を工夫するようになります。その甲斐があって、一年で学校の状況は大きく改善していきました。何年かすると、本来問題にされそうにない学校が対象校になっていました。また一年で改善されなければ、翌年も私が行くことになります。そうして順に学校は改善していきました。子どもを伸ばす方向と意思が、明確に学校に伝わっていました。研修後には懇親会がありますが、そこには校長が考えるキーマンが共に参加されます。そして、個別の質問と回答がここでも展開されていたのです。そこに参加した人たちが今の飯塚市を支えています。

田川市の吉柳教育長は、情熱的な方で、行政からの支援の取りつけをまとめられています。実践の計画は石井課長補佐が担っていて、学校現場を多く回って現場の状況把握を的確にされていらっしゃいました。以前、田川市の保護者が学校で困っていることを私に相談されたことがありました。その直後にたまたま田川市の研修があったので、私は相談を受けたことをそれとなく教育委員会に伝えると、大きなことではなかったのですが、実態を正確に把握し、すでに対策が考えられていました。

田川市教育委員会は、漢字の習得率や百ます計算の二分達成率を各学級ごとに調べ、共有化するという現場教師から反発されそうなことを、自然に実現しています。それが可能なのは、日常から現場を思い、何度も足を運ぶことで、学校からの厚い信頼があるからだと思います。

またこうした実践の中で、今後の学校を考える上で決定的に重要なことがいくつも分かりました。それは以下のようなことです。

①子どもを伸ばすには、六年間を一貫して指導することが何より重要で、そのためには校長のマネージメントが決定的であること。これまでの担任請負のシステムで、よい教師、悪い教師ということが地域の話題になるようでは、子どもは伸ばせないということ。

②基礎基本の習熟は、子どもの応用力や活用力を伸ばし、自主性や協調性を高めることに直接寄与するということ。基礎力を伸ばすことなく、応用力を求めることは子どもに大きな負担になってしまうこと。

③これらを総合的にマネージメントするには、校長や一般教師の人事をつかさどる教育委員会のマネージメントや行政の果たす役割が決定的に大きく、学校を真に地域のものにしていかないといけないということ。

とりわけ重要なのは校長のマネージメントです。同じ教育委員会の管轄下でも、成果の弱い学校も出てきます。一方、教育委員会のバックアップがなくても強力な結果を出している学校もあります。その違いはどこから生まれるか、それは校長のマネージメントや見通しに大きく関係していました。子どもを伸ばす最大の要因、それは校長によるマネージメントです。そして実際に結果を出している校長のマネージメントを見ていると、以下の四点が共通点でした。

1　方向性やメソッドを職員や地域に明らかにし、そのための教材や方法を決めること。
2　全教職員を対象に計画的に先進校視察を行い、さらに書籍などで補い、方向性を浸透させること。
3　モジュール授業など、教頭や主任と協力し、毎日学級を回って指導を行うこと。
4　各学級ごとに百ます計算や漢字の習得率を明らかにし、校内や地域内でそれを共有すること。

読み書き計算の徹底反復ではなく、「陰山メソッド」と私が自らの指導法に自分の名前を当てたのは、片峯教育長から学んだからでした。導入決定を告知する場で片峯教育長は「飯塚市は陰山メソッドで行くんです」と高らかに言われた場面は、今も記憶に鮮烈に残っています。

片峯教育長も私も、この一言で覚悟が決まりました。それは会場にいた関係者すべてに共有されたことでしょう。そして、教材の決定です。特別な指導法は特別な教材を必要とします。学校は単純に授業の方法論に偏りがちです。それを断ち切り、組織一体の実践にするために教材を、私の助言に従い、教育委員会が決定し、現場を指導されたのです。

音読　「徹底反復音読プリント」（小学館）
漢字　「〇年の全漢字練習」（日本標準）　または「〇年生の漢字」（小学館）
算数など　「たったこれだけプリント」（小学館）

これ以外にも「ニガテ克服シリーズ」（小学館）や陰山ラボで作った「美字ドリル」などがありますが、これらの導入は今後の課題です。本来学習にとって教材の選択は最重要事項ですが、日本の学校は授業の方法論ばかりで、本当に効果的な教材は多くありません。今後の大きな課題となっていくでしょう。

八　先進校視察の重要性

私が尾道市立土堂小学校の校長だった頃、高知県室戸市の小学校が学校を休みにして教師全員で学校視察に来られたことがあります。結果、この学校は視察終了後、半年で学力が向上したと聞きました。

このことがあって、私は陰山メソッド導入予定の学校には、先進校視察をお願いしています。書籍で学習し、映像で感覚をつかんでいただきますが、やはり自分の目で見ることは、説得力が違います。一部の先生が視察した後、私が学校に行くと、明らかに視察した先生の指導は本格的になっています。それはほかの先生から見ても分かるようで、視察した先生の指導は全く違うと言われます。細かい子どもへの指示や注意が違います。よく先生が行うほめ言葉も十五分のモジュール授業では不要です。せっかくの集中がそがれるからです。こうした点が常識とは違う点であり、それを理解するには視察が一番効果的なのです。

九　校長など管理職の毎日の指導

モジュール授業の指導方法は簡単ですが、常識とは違うところがあり、個々の教師の勝手な解釈で進んでしまうと、ずいぶん的外れな指導になってしまいます。百ます計算のような単純なものですら、子どもが列をとばして勝手な手順で進めていても、それも個性尊重と言って一切指導をしない学級がいくらでも出てきます。

漢字にしても、自分のやってきた指導を曲げず、単元ごとの指導を行おうとする先生は必ず出てきます。そして、子どもが伸びず、他の学級に比べ大きく立ち遅れます。

実際に調べてみると、独自の信念で指導された学級の計算や漢字の習得率は、他の学級に比べ大きく見劣りします。例えば、新任を含め全学級の漢字習得率が九割前後なのに、そうした学級だけが六割ということがよくあります。校長が説得しきれていないのです。集中させることが、学習においては何より重要ですが、従来の努力至上主義が抜けず、多くの学習を強いてしまい、なおかつ伸びないのですから、子どもは勉強嫌いや苦手意識に落ちてしまうのです。

個に応じた教育の重要性は私も理解しますが、子どもが伸びる道筋はそんなに多様ではありません。基礎基本の習熟、そこに尽きるのです。ですから、その子に応じたスタートラインは必要ですが、その確実な道筋を学校として確保すること。これが校長のやるべきもっとも重要なことです。従来教材も教師の使いやすさだけで選択されてきたこともあります。ここを変えない限り、学校ぐるみの実践は生まれてこないのです。

現実的には、教務主任や研究主任、また主幹教諭などが具体的に指導することが効率的ですが、その仕組みを校長の考えでつくらない限り、子どもが伸びることはありません。優れた指導をする一人の教師が一年で子どもを伸ばしても、翌年はそれを誰も引き継ぐことができなければ、これもまた無意味です。大切なのは、組織として子どもを伸ばすこと、これが決定的に重要なのです。

十　数値で分析し共有する

陰山メソッドでは、百ます計算の二分以内の達成者の割合や、漢字の習得率、また暗唱達成者の割合を年に何回か調査し、各学級ごとに集計します。こうすることで、子どもの伸びを相対的に知ることができ、具体的な指導の工夫を交流し、全体を伸ばすことができるからです。

しかしここでも、自分勝手に進めたい先生は、この集計を勤務評定だと勘違いし、反対します。また子どもを競争に導くものだとも言います。

漢字はきちんと指導すれば、ほぼ全員を九割前後の習得率にもっていくことはそう難しいことではありません。百ます計算も二分以内とか一分半以内を目標にしていれば、競争になることもありません。一般的な学力テストとは意味が全く違うのです。

指導結果を数値で表すことは、指導における意外な側面が見えてくることもあります。かつて山口小学校時代、初めて漢字の定着率調査をしたことがあります。ある学年は、一方の先生が漢字指導に熱心で独自に教材も作っていました。一方の先生はその先生に頼るばかりでしたから、二つの学級の定着率は大きな差が出るとみんなが予測していました。しかし、結果は全く同じでした。なぜでしょう。それは一方の先生の教材を隣の先生も使っていて、子どもは同じように学習していたからです。それは、授業の巧拙より、実際の教材の重要性を知るきっかけにもなりました。

　実情をしっかり客観的に分析し、そこから指導を組み立てるというのは当たり前のことです。田川市の鎮西小学校は、もっとも高速に子どもを伸ばした学校です。詳細な数値を全体、または個別に取りながら分析し、結果を見て、すぐに教材や指導に返すという、高速ＰＤＣＡサイクルをつくっていたからです。これは黒屋先生という主幹教諭が全学級を見ながら分析していたからこそ可能になったことであり、私も直ちにはその方法が分からないほど、優れたものだったのです。

十一　なくなっただらだら授業

陰山メソッド導入校では、先生が黒板の前から動かず、だらだらと説明する授業は全く見なくなりました。それは例えば左のような項目により、授業診断が行われ、適切に管理職から指導がなされているからです。

□　1　子ども全員の学習が見えるよう立ち位置を考え授業されている。
□　2　机間巡視を常時行いながら、必要に応じて個別指導がなされている。
□　3　目をぐりぐり動かし、絶えず全ての子どもの学習の進行状況を観察している
□　4　不要な言葉を戒め、言い直しをしないなど的確に発問や指示を行っている。
□　5　授業の進行をストップウオッチなどを使い時間管理を行っている。

これらは、私が多くの学校を訪れ、教師の力量を測る際注視するポイントです。これらの観点から見ると授業における集中の土台が分かります。逆にこれらが実現できていない次のようなことが授業にあれば、その学級はだいたい問題を抱えています。

よく「なぜそんなに的確に見抜けるんですか」と質問されますが、授業での集中への教師の意識がそこに現れるからです。そして、次のような場合は、早急に教師を指導しないと、学級崩壊などが起きます。また学級崩壊における学力への棄損は大きく、学校ぐるみの実践をしていなければ、表面的に落ち着いても学力は低いままで、再び荒れることはよくあることです。

1　子どもの方を向くことができず、やたらと手元の教科書や資料に目を落とす。
2　無表情で子どもへの指示ばかりで、それも言い直しが多い。
3　子どもに媚びるようなほめ言葉を使う。
4　教室が整頓されておらず、机の上に見ていないノートや資料が積まれている。
5　声が小さく、また要領を得ない。

十二　決定的に重要な学校マネージメントと制度問題

こうして子どもが伸びた学校がどんどん増えてきました。とりわけ私がうれしかったのは、子どもや保護者、地域の方々、そして教師——これらの人々が常識の呪縛から解き放たれ、自由と幸福を得られるようになったことです。

実践が進んだ学校では、子どもの笑顔が多く見られるようになりました。子どもは宿題もあっという間に終えます。学習の負担が減り、学習が自覚的に進められています。こうした様子を見た保護者は安心するため、学校へ不満の声を出すこともなくなりました。教師は夜遅くまで残る必要もなくなり、生徒指導に悩まされることもなくなりました。しかし、全国となると流れは逆です。国際学力調査によれば、日本は他国に比べ大きく遅れてきました。しかし、教職員は必死で、その勤務時間は国際的に見ても非常に長いのです。つまり、決してさぼっているのではなく必死に努力しているのに、こうした結果になっているのです。

ところが実際にこうした改革を進めようとすると、大きな問題があります。校長のマネージメントが重要であると言いましたが、現代はよい教師が校長になろうとしません。また多くの若者が教師の未来に悲観し希望者が減っています。有為な人材が足りないのです。私がいっしょに授業研究をやってきた優れた教師を見てみると、そのほとんどが校長になっていません。夏目漱石の「坊ちゃん」やテレビドラマの影響か、いい教師は校長をめざさないということが多くなっているのです。

現在も多くの優秀な教師は、担任にとどまり、教師社会での自分の評価を気にしています。学校のマネージメントが担任請負のままだからです。そうなると、そうした優れた教師も視野が狭くなり、自分の学級や指導にしか関心がなくなり、その真価を発揮してもらうことが難しくなります。このことは、教育委員会や学校と共同で行ったプロジェクトであればこそ分かったことでした。そう考えると、学校の四十代から上の管理職世代がいかにその職責の重要性を自覚するか、それが今後の日本の学校の命運を握っているように思います。

そしてもうひとつ。今、学校の教職員は急速な世代交代の真っ最中です。ほとんどの教師が二十代という学校も多くあります。陰山メソッドの実践は、経験の少ない教師でも、講師でも高い結果を得られます。従来の方法とは違うこの指導方法は、むしろ若い教師ほど体得しやすいのです。その点では、今は教育の流れを変えるチャンスとも言えます。

実際に実践している学校を見てみると、新任や若い講師が一番子どもを伸ばしているということが普通にあるのです。一方、教員免許の更新制で、学校に勤務してない人の免許は失効しています。教師不足のためか、私の先輩に当たる七十歳直前の教師が教壇に復帰しています。一方、定年退職後の再任用も大幅に増えていますが、本当は雇用したくない退職教師や講師も、今は免許さえあれば来てもらわないと定数を満たすことができないため、そうした先生の要求には逆らえないと嘆く教育委員会や校長の声も聞こえてきます。免許更新は廃止かそれに近い改革をしなければ、有為な人材確保は難しいというのが、全国を回った感想です。

おわりに

私の教師人生にとって、二〇一二年福岡県飯塚市から始まった地域一斉の陰山メソッド実践は、兵庫県山口小学校、広島県土堂小学校に続く実践にして最大の実践です。教育改革が実施される二〇二〇年、飯塚市の実践が評価される中で、この実践は大きく広がりました。

地域内の多くの学校で実践される地域は、福岡県飯塚市、田川市、みやこ町、佐賀県神埼市、宮崎県延岡市、新潟県糸魚川市、滋賀県竜王町、高知県奈半利町、福島県桑折町、山形県長井市、岩手県一関市などです。これにモデル校形式の岡山県倉敷市、大阪市浪速区、鳥取県鳥取市、岐阜県岐阜市、東京都町田市、さらに学校単位で実践している福岡県鞍手町立西川小学校、岡山県高梁市立有漢西小学校、岡山県新見市立上市小学校、広島市立三入東小学校などもあり、それぞれの学校で進化してきています。

二年前に始まった全国大会は、飯塚市、田川市で行われ、二〇二〇年度の第三回大会は、新潟県糸魚川市で行われます。地域ごとの研究協議会や地域独自の研究発表も始まりました。

私がありがたいと思うのは、私一人では進化させることができなかったことが、地域や学校の創意工夫により、大きな飛躍を遂げたことです。学力の低い子も一年生から徹底反復の指導をすれば平均以上の学力を獲得させることが可能であること、特別支援が必要とされる子でも大きな改善が可能であり、場合によっては療育手帳を返納できるまでになること、人格的にも荒れていた子が急速に落ち着き、豊かに人間性を高めることができること、そのようなことが次々と実現し、これにより「どの子にも確かな学力を」という理念が広まっていくめどが立ったのです。

その結果、筑豊地区のように、しばらく前まで教育困難地域と言われていた地域が、今や教育の最先端地域となり、多くの子育て世帯が移ってきて、人口や税収が増え、地域が活気を取り戻し、その風景まで変わってきました。

八年が過ぎたばかりですが、想像をはるかに超えた大きな変化には私自身が驚いています。

岡山県に実践が多いのは、学生時代の私が関係しています。というのは、学生時代に就職をめざした山陽放送の存在が大きいのです。

岡山県はそもそも教育県ですが、近年全国学力テストでは低迷していました。そこの問題意識をもとに、地元の山陽放送が学力向上を考える番組を制作したのです。私はその番組づくりに協力したのですが、そのスタッフの中に、私の岡山大学時代の後輩の石田好伸アナウンサーがいました。彼は、私がアナウンサー試験に落ちた心の穴を埋めてくれた後輩です。番組制作の流れから交流が復活しました。そうした中で、高梁市の有漢西小学校や新見市の上市小学校、倉敷市の研究校である琴浦東小学校の実践につながっていったのです。三十年の時を超えて、今は週に一度十分前後ですが、「教育ラジオ」というコーナーを担当させていただいています。また広島のみなさんとは、土堂時代のご縁で、中国放送で「放課後ラジオ」も放送させていただいています。こちらはもう始めて十二年目を迎える長寿番組になりました。そしてこれらは、インターネットラジオで、県外の地域でも聞いてくださっている方もいらっしゃいます。先日特別番組を山陽放送で放送したのですが、東北や北海道からもメールが届き、驚きました。

宮崎県延岡市は、エンジン01という私も所属している文化人の団体のイベントをきっかけに始まりました。二代にわたる市長さんと教育長さんのご尽力で実践は動いています。新潟県糸魚川市や山形県長井市は、文部科学省所管の「早寝早起き朝ごはん運動」などのイベントで、市長さんや教育委員さんに認めていただき、実践が始まりました。福岡県みやこ町、滋賀県竜王町や福島県桑折町などは、教育長さんが私の書籍を読まれるなど、直接実践を依頼されてきました。そして、高知県奈半利町や鳥取市、まもなく始まる香川県善通寺市や岩手県一関市などが加わってこられました。

多くのみなさんに応援していただき、それぞれの多様な進化があって、今があります。

この本は学力向上を核にした学校改革のガイドブックです。単に理論を並べただけではなく、いろいろな実践の事実や成果を紹介しています。私は、これを生かして、学校と地域と子どもの未来を大きく広げていただくことを切に願っています。また、この本の執筆途中でも新しい教訓が次々と生まれ、締め切りぎりぎりまでその内容を盛り込みました。きっとこの本は、来年にはまた新しい内容が加わり、年々改訂されていくように思います。

また、私が校長を務めた土堂小学校は、現在、廃校問題に直面しています。この本が出る段階ではまだ結論は不透明ですが、ひとつだけ留めておきたいのは、私が去ったあとも地域や保護者のみなさん、歴代の校長先生、尾道市教育委員会、広島県教育委員会のご尽力により、実践は継続され、日本の小学校の手本として、また陰山メソッドの灯台として今日まで続いてきたことに感謝せずにはいられません。それが実現できたのは、かつての尾道市教育長の山崎先生のお導きがあってこそです。山崎先生こそ、尾道や広島、また国の教育を支えられた偉人です。すでにこの世を去られましたが、その功績を私は忘れません。

この本は、ずっとお世話になっている中村堂の中村宏隆さんのおかげで、世に出ることになりました。また身内ではありますが、陰山ラボのスタッフにも助けてもらいました。ありがとうございました。

そして何より、各地域で陰山メソッドを実践していただいている学校関係者に感謝しております。そうしたみなさんに敬意を表し終わります。

令和二年三月吉日　陰山英男

●著者紹介

陰山英男（かげやま・ひでお）

1958年兵庫県生まれ。兵庫県朝来町(現、朝来市)立山口小学校在職当時、百ます計算やインターネットの活用等により学力向上の成果を上げる。2000年10月にNHKテレビ「クローズアップ現代『学校は勉強するところだ　~ある公立小学校の試み~』」で取り上げられ、大きな反響を呼ぶ。公募により2003年4月から広島県尾道市立土堂小学校の校長に就任。以降、「基礎・基本の徹底」と「早寝・早起き・朝ごはん」に代表される生活習慣の改善による学力向上運動に取り組む。2006年4月から立命館大学教育開発推進機構教授。2017年3月に退職後、教育クリエイターとして活躍中。全国各地で学力向上アドバイザーを務める。一般財団法人基礎力財団理事長。ドラゼミ総監修者。NPO法人日本教育再興連盟代表理事。徹底反復研究会代表。

※2020年3月1日現在

学校を変える15分　常識を破れば子どもは伸びる

2020年 4 月 1 日　第 1 刷発行

著　／陰山英男
発行者／中村宏隆
発行所／株式会社　中村堂
〒104-0043　東京都中央区湊3-11-7
湊92ビル 4F
Tel.03-5244-9939　Fax.03-5244-9938
ホームページ　http://www.nakadoh.com

印刷・製本／新日本印刷株式会社

ISBN978-4-907571-65-8